花魁《おいらん》の家計簿

監修 永井義男
（作家・歴史評論家）

宝島社

目次

CONTENTS

はじめに ～監修者インタビュー～

永井義男（作家・歴史評論家）

遊女三千の吉原遊廓 日に千両の金が落ちた!?

公許の遊廓である吉原は、江戸の文化の発信地として、さまざまな流行の源泉とされてきました。しかし、その根本は遊廓であるということをまず押さえなければなりません。つまり、吉原とは「売春街」であり、そこで働く遊女は「娼婦」だということです。

都市開発に伴って、人口の流入が拡大した江戸は、出稼ぎに来る男性たちで溢れ返り、人口比として男性が極端に多い都市でした。その結果、彼らの受け皿として整備されたのが吉原遊廓です。明暦3（1657）年に、現在の日本橋人形町から台東区千束へと移転し、浅草寺の裏手に広がる田圃のなかに、「新吉原」が作られました。移転先と区別するために、人形町にあった吉原は「元吉原」と呼びます（本書では、特に断りがない限り、「吉原」もしくは「吉原遊廓」で統一しました）。

時代によって多少の増減はありますが、千束へと移った新吉原の場合、2万坪ほどの敷地に、およそ1万人が居住していたとされます。

弘化3（1846）年の「町役人書上」によると、男性1439人、女性7339人と総人口は8778人とされています。女性のうち、遊女は4834人ですから、まさに女性たち、とりわけ遊女たちの活躍で成り立つ世界でした。俗に「遊女三千」と称されますが、おおよそそのくらいの遊女が働いていたと考えられます。

川柳に「夜と昼朝とへ落る日千両」と詠まれていますが、夜は吉原、昼は芝居街（堺町や葺屋町《ふきやちょう》、天保13（1842）年からは猿若町）、朝は日本橋の魚河岸のことを表しています。この3カ所では毎日、「千両」の金が落ちたというわけです。もちろん、「千両」はあくまでも「たくさんのお金」のたとえですが、吉原がいかに繁栄を極めたかがよくわかります。

太夫がいた時代の吉原と庶民化した吉原

江戸時代の吉原遊廓を大まかに区切るとすると、およそ次の3期に大別されます。

最初の第1期は、まだ江戸市中の日本橋人形町にあった元吉原の時代です。

その後、明暦3（1657）年3月に明暦の大火が起こり、その後に現在の千束付近に移転し、新吉原となります。これが第2期にあたります。

それからおよそ、100年が経過した宝暦年間（1751～1764年）頃に吉原のシステムが一変します。ここからの100年を第3期としましょう。

吉原の全盛期はやはり第2期の宝暦以前の新吉原であり、「太夫《たゆう》」がいた時代でした。太夫とは吉原の最上級の遊女の呼称です。太夫時代の吉原遊廓で遊ぶには、客は莫大な資金を要しました。選ばれた者しか、吉原では遊べな

新吉原櫻之景色　歌川豊国画　東京国立博物館蔵　出典：ColBase（https://colbase.nich.go.jp/）

い時代です。格式があり、大名や豪商らが夜な夜な豪遊をした、伝説的な時代でもありました。

当時の江戸は元禄のバブル期に突入した頃。経済的に大変潤った時代でした。ところがこのバブルが弾け、大名ら武士階級が経済的な痛手を被り、衰退していく一方で、急速に発展してきたのが、江戸の商人たちであり、庶民たちでした。

こうして江戸の庶民文化が興隆する最中で、吉原遊廓のシステムもガラッと変わります。宝暦以前は、妓楼《ぎろう》に所属する遊女たちを揚屋《あげや》に呼び出して遊ぶというのが通例でした。現代風に言えば、デリバリー・ヘルスです。揚屋方式は呼び出し料から、揚屋の部屋代、飲食代などを負担しなければならず、大変なお金が必要でした。また、妓楼から揚屋まで、太夫が客の元に向かう際には、新造や禿《かむろ》、若い者を従えて行きます。その分のお金もすべて、遊客が工面しなければなりません。こうした遊びは、元禄までの裕福な大名や豪商ならではの遊び方でした。

しかし、元禄のバブルが弾けると、たちまちに財政難となり、こうした豪遊は不可能となります。その結果、吉原も劇的な転換を迫られたのです。宝暦末までに、徐々に揚屋のシステムに変更が加えられ、「太夫」や「揚屋」は姿を消していきました。その結果、客が直接に妓楼で遊ぶ仕組みへと変わりました。いわば、今の店舗型の風俗店になったのです。そして、妓楼と客の仲介・紹介役を引手茶屋が務めるようになります。まさに風俗の案内所です。

時代小説や漫画などの題材となり、現代人が思い描く吉原とは、この宝暦以降の「太夫」がいなくなった吉原なのです。

吉原で働く遊女 その光と闇

庶民の注目の的となった吉原のイメージを、出版物を通じてうまく演出したのが、2025年のNHK大河ドラマ『べらぼう～蔦重栄華乃夢噺～』の主人公・蔦屋重三郎です。彼は、吉原生まれ・吉原育ちで、吉原のことは知り抜いていました。そんな蔦重が吉原と持ちつ持たれつで、吉原を巧みに演出し喧伝することで、江戸の出版社として成り上がっていったわけです（詳細は本書の姉妹本とも位置付けられる『蔦屋重三郎の生涯と吉原遊廓』（宝島社）を参照してください）。

しかし、どんなにエンタメ化されようと、吉原遊廓の本質はあくまでも売春街。そこで働く遊女は娼婦です。遊女の多くが、借金のカタに売られた女子たちでした。遊女は妓楼と契約を交わし、借金を返し終わるまで働かされるわけですが、それは実質的な人身売買でした。「年季は最長10年、27歳まで」と言われる吉原の遊女ですが、多くの女性が年季明けまで勤め上げら

本書におけるお金の計算方法

金貨	1両＝4分	1分＝4朱
銀貨	1貫目＝1000匁	1匁＝10分
	1分＝10厘	1厘＝10毛
銅貨	1貫目＝1000文	

本書における換算率（文化文政期を目安として）

米1石＝金1両＝銀60匁＝銭6500文＝現代価格：10万円

れず、病気などで命を落としていたのです。仮に吉原から無事に出られたとしても、その後の人生も安楽なものではありませんでした。吉原遊廓という場所を見るとき、蔦重が巧みに演出した華やかな吉原遊廓の光の側面と、その裏で「苦界」とも呼ばれる過酷な境遇のもとに亡くなった無数の遊女たちがいたという闇の側面があることも、忘れてはならないでしょう。

妓楼の経営実態と遊女の過酷な経済状況

「日に千両」のお金が飛び交い、多くの客で賑わった吉原遊廓。そのなかで働く遊女らはいったいどのような暮らしをしていたのでしょうか。本書は、具体的なお金をキーワードに吉原遊廓の実態に迫りたいと思います。

現在のところ、妓楼の大福帳（帳簿）が発見されていないため、吉原遊廓の各妓楼や茶屋の経営実態は残念ながら定かではありません。ただ、遊女の揚代などは「吉原細見」ほか、さまざまな文献に記録されています。しかし、これもあくまでも公定価格に過ぎず、遊客には祝儀を含めてさまざまな支払いがありました。

また遊女の暮らしの実態も、その多くは戯洒落本などの当時の小説を参照にせざるを得ません。誇張もあり、どこまで信用すべきかは難しいところですが、そこから窺える遊女の暮らしは、かなり苦しいもので、常にかさむ借金との苦闘であったと言えます。吉原では、通常の揚代が倍になる「紋日《もんび》」という日が設けられていましたが、この日に客がつかなかった遊女は、揚代を自己負担しなければならないという、理不尽な罰則がありました。ことあるごとに遊女の負担と借金を増やし、簡単に年季明けとならないようにしていた、妓楼の思惑が窺えるのです。

本書ではこうしたわずかな史料のなかから、できうる限り吉原におけるお金の流れ、経済の実態を追いつつ、妓楼の経営と遊女の暮らしの実態について、紹介しています。

最後に本書におけるお金の計算方法について、簡単に説明します。現代よりも物が貴重だった江戸時代、人にかかる人件費よりも、物価のほうが高いというのが通例でした。換算基準そのものが変わっており、遊女の揚代が現在のいくらに相当するかは非常に難しいのです。

また、当時は金貨、銀貨、銅（銭）の三種の通貨が流通し、変動相場制のため、複雑な貨幣制度でした。そのため、本書ではおよそ文化文政期の平均として、便宜上、金１両＝銀60匁＝銭６５００文としました。江戸時代の経済を扱う本では、しばしば物価と人件費の換算率を変えて、表記する場合もありますが、複雑でわかりづらいため、本書では人件費や物価などを勘案し、1両＝10万円として計算し解説します。

「慶長小判」「両替商の天秤・分銅」日本銀行金融研究所貨幣博物館蔵

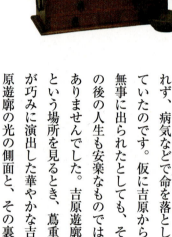

第1章

吉原遊廓という場所

吉原遊廓とは何か？

公許の遊廓としてスタートした吉原遊廓。人形町から浅草・千束村へと移転し、およそ300年にわたって賑わった吉原はいかなる場所だったのか？

自然発生的にできた遊女屋を1カ所に集中

徳川家康が自らの政権を江戸に置くとともに、大規模な都市開発・整備が実施された。江戸には京都・大坂などからひと旗あげようと移住し、商売を始める者も多かった。その多くが身軽な単身赴任で、武士も国元に妻子を残してきた独り身の者が多かった。こうした男たちの欲望を満たすため、慶長の頃より江戸では、京都や駿河府中の傾城町《けいせいまち》（遊廓）から来た者たちによって、自然発生的に遊女屋が経営された。

慶長17（1612）年に庄司甚右衛門（甚内）を代表とする江戸市中の遊女屋の願い出によって、公許の遊廓が設置されることとなった。甚右衛門は遊郭の惣名主を命じられ、元和4（1618）年に「葺屋町之下」の土地を与えられた。葭《よし》や葦《あし》が茂る湿地帯を整地して造られたため、「吉原」と呼ばれたという。現在の日本橋人形町二丁目付近にあたる。

吉原内では、江戸町一丁目・二丁目、京町ができ、その後、京町二丁目ができた。

江戸町一丁目には、柳町にあった遊女屋が集まり、江戸出身者が移り住んだ。

江戸町二丁目には鎌倉河岸や伏見、駿府から、京町一丁目には麹町から遊女屋が移ってきた。京町二丁目は大坂瓢箪町、奈良・木辻から移った者が多かった。

のちに角町ができ、基本的な街区が整備された。この街区制は、その後、浅草・千束に移転後の「新吉原」でも踏襲された。

東都新吉原一覧
歌川広重画
東京都立中央図書館蔵
幕末頃の吉原遊廓を描いた鳥瞰図。旧暦3月3日の節句には、桜の木が運び込まれ、メインストリートの仲之町に移植され、花見が楽しまれた。

案内吉原双六
志満山人撰・歌川国信画
東京都立中央図書館蔵
吉原遊廓を模して庶民の娯楽用に作られた双六。当時の様子を知る意味で、史料的価値の高い作品と言える。

新版浮絵新吉原仲之町桜之図　歌川国安画　東京都立中央図書館蔵
大門からまっすぐ伸びた廓内の目抜き通りである仲之町。満開の桜の情景を描いたもの。

武士・豪商が豪遊した時代から大衆化の時代へ

江戸が大きく発展するにつれて、遊廓が江戸の中心地にあることを不適当としたことから、吉原遊廓は明暦2（1656）年に移転が命じられた。移転前の吉原を「元吉原」、移転後を「新吉原」と呼ぶ。場所は現在の台東区千東四丁目付近、当時で言えば、浅草寺裏の辺鄙な千束村である。従来に比べて5割増しの東西二丁×南北二丁の土地（およそ2万坪以上）の広さとなり、引越料として1万500両が幕府から支払われたという。現在の価格に換算すれば10億5000万円に相当する。また、元吉原時代には禁じられた夜間の営業も許可された。

翌年の明暦の大火を経たのち、営業が始まった新吉原では、夜間の営業が許可されたことで、朝まで遊べることから、不便な場所にもかかわらず、大繁盛となった。開業当初の客は、身分も高く収入の多い武士が中心だった。元吉原以来の揚屋制度を引き継ぎ、客は揚屋にあがって、遊女を呼び寄せる仕組みであった。最上級の遊女を「太夫」と言う。

元禄期には豪商らもまた吉原で華々しく遊び、紀伊國屋文左衛門などの豪遊伝説が生まれた。しかし、元禄のバブルが弾けると、幕府・諸藩は財政難となり、大名らの隠れ遊びができなくなった。その半面、町人が経済的に成長し、町人・庶民文化が江戸で花開くこととなる。こうして、格式と伝統ある吉原は、新興の町人相手に大衆化せざるを得なくなった。これにより宝暦以降になると、揚屋制度はなくなり、太夫などの位も廃止された。揚屋を一カ所に集めた揚屋町は、揚屋制度が廃止されたのちは、商家が軒を連ね、商人・職人・芸者らが住む裏長屋などになった。

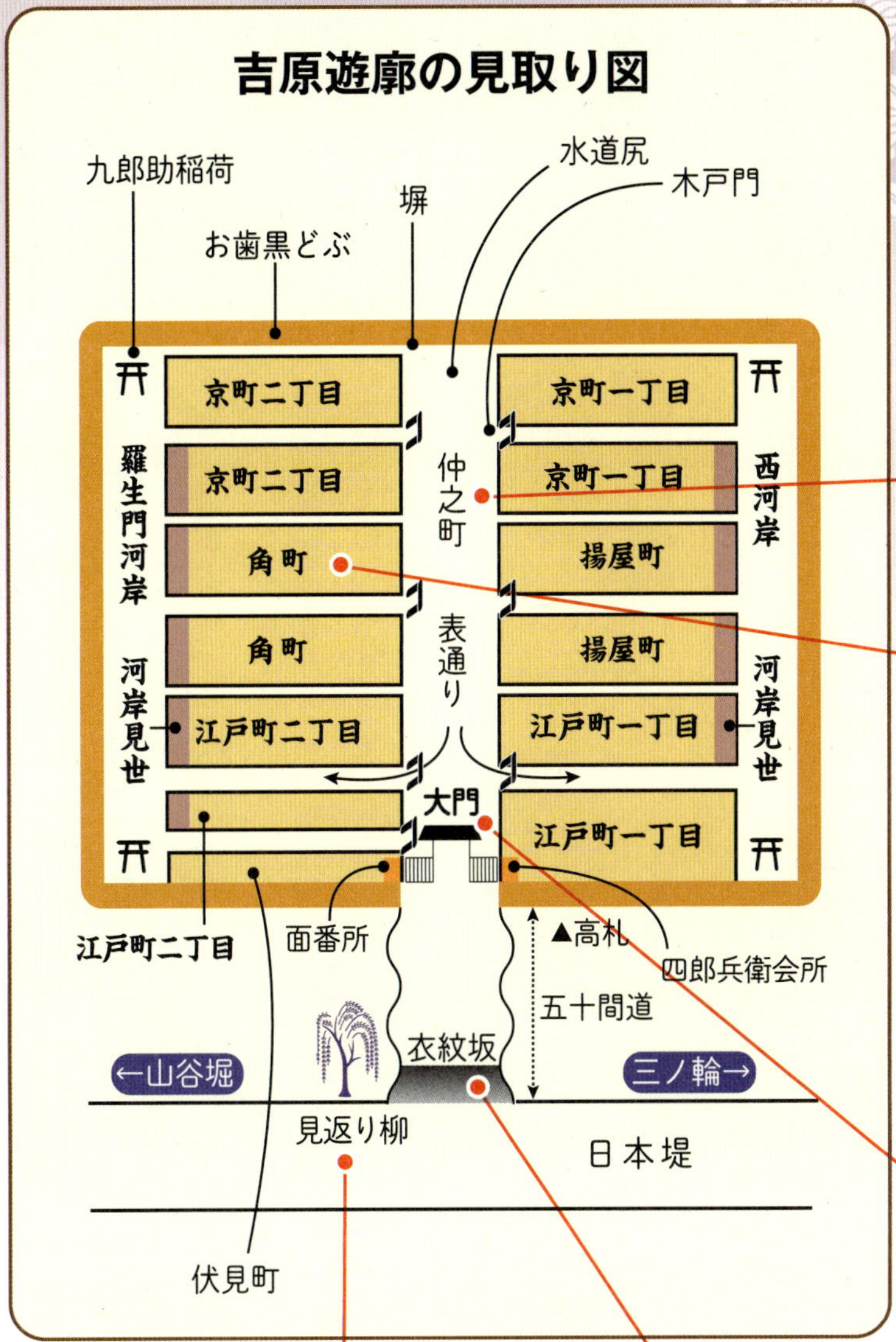

仲之町

大門をくぐった先に吉原遊廓の目抜き通りである仲之町が続く。花魁道中などさまざまな催しが行われていた（歌川広重画『新撰江戸名所』より「新吉原仲之町春之景」シカゴ美術館蔵）。

妓楼の張見世

仲之町から横町へと入ると、妓楼が立ち並ぶ。妓楼の1階には格子窓の張見世があり、遊女を眺め指名することができる（歌川国芳画『艶本逢絵山』国際日本文化研究センター蔵）。

大門

吉原遊廓の唯一の出入り口である大門。衣紋坂をくだり五十間道を進んだ先にあり、遊女の逃亡を監視するための見張りが常駐していた（歌川国貞画「北廓月の夜桜」東京国立博物館蔵）。

日本堤

衣紋坂の手前にある通りである日本堤。吉原に通うものは必ずこの日本堤を通らなければならなかった。浮世絵にあるようにさまざまな店が軒を連ねていた（歌川広重画『名所江戸百景』より「よし原日本堤」国立国会図書館蔵）。

衣紋坂と見返り柳

日本堤から吉原遊廓に向かう下り坂を「衣紋坂」という。吉原からの帰途、襟を正して帰ったことが由来とされる。坂の入り口には柳があり、帰りの客はみな、この柳付近で名残惜しく後ろを振り返ったことから「見返り柳」と呼ばれた（歌川広重画『江戸高名会亭尽』より「新吉原衣紋坂日本堤」国立国会図書館蔵）。

妓楼の仕組みと経営実態

かつての揚屋制度がなくなり、客は直接、妓楼へ赴くか、引手茶屋を介して遊ぶようになった。多くの遊女と使用人たちが働く妓楼の実態とは!?

吉原楼中図　伊勢屋利兵衛版　葛飾北斎画　個人蔵
妓楼の1階の様子を描いた大判5枚続きの浮世絵作品。元々は文化8〜10(1811〜13)年頃に製作されたものだが、本作は明治になってからの復刻版である。広々とした内証を中心に、右側に台所、奥に暖簾が見える。その脇の部屋が張見世となっており、中2階などが詳細に描かれるなど、妓楼を知る貴重なビジュアル資料となっている。

大見世・中見世・小見世 格付けされた吉原の妓楼

宝暦以降の吉原では揚屋制度が廃止されたため、遊女と遊ぶには直接、妓楼へ行くか、引き手茶屋を介するかということになる。

揚屋で寝泊まりするのではなく、妓楼で遊ぶのが一般的となった。

妓楼には大見世、中見世、小見世と、その経営規模や格式からランクづけがされていた。遊女の揚代や遊興費も異なり、特に大見世は引手茶屋を通さなければ遊べなかった。引手茶屋への謝礼も出さなければならず、客の負担も大きかった。

そのほか、羅生門河岸と西河岸には、河岸見世と呼ばれる安価な妓楼があり、下級の遊女が客の相手をした。

また、京町二丁目や伏見町には、局見世（切見世）という長屋形式の安価な妓楼が並んでいた。

妓楼1階には通りに向けて張見世があり、客は通りから格子越しに遊女を見物できた。その脇の入り口から妓楼内に入ると、土間があり、土間から上がったところは板張りの調理場だった。

ちなみに妓楼の入り口と張見世が接する境界となる格子を籬《まがき》と呼ぶ。大見世・中見世・小見世でその形態は異なる。大見世は、全面が朱塗りとなっており、惣籬と呼ばれた。中見世は4分の1が空いており半籬と言い、小見世は下半分にだけ格子が組まれており、惣半籬と言う。惣籬・半籬・惣半籬は、大見世・中見世・小見世の別称としても使われた。

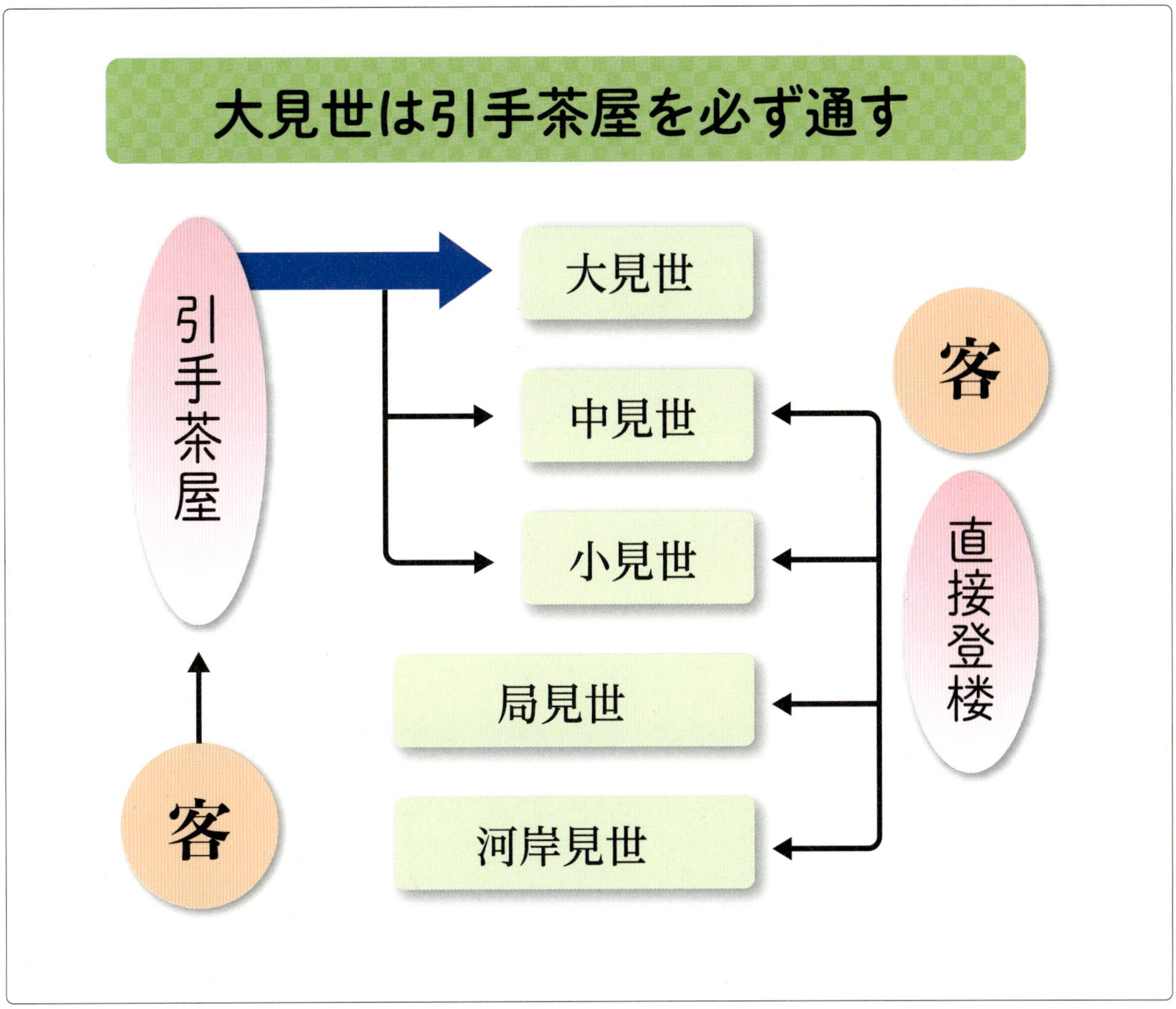

図は永井義男『図説吉原事典』（朝日新聞出版）を参考の上作成。

資産（両）		負債および資本（両）	
流動資産	2570	負債	2580
現金（内証）	50	減価償却引当金	800
現金（床下）	1250	遣手・小針・妓夫　給与	30
揚代売掛金	700	遊女・禿など教育費	15
遊女身請収入	50	酒食調達費（台の物）	60
講中加入金	20	風呂・暖房・照明費用	8
貸付金	500	従業員食費	30
		従業員疾病・葬儀費用	15
固定資産	1750	仮宅借用権利金	40
妓楼土地	330	俄・灯籠・桜植込等町入用	40
妓楼建物	70	宣伝費（浮世絵板行入銀）	5
寮土地	130	助六等芝居協賛金	5
寮建物	20	寺社寄進	2
遊女 40 名	1200	冥加金	50
		借入融資	1400
		利子	80
		資本	1200
		負債および資本合計	3780
資産合計	4320	当期利益	540

現代の価値に換算
資産合計＝４億 3200 万円　　当期利益＝5400 万円

妓楼における賃借対照表
日比谷孟俊『江戸吉原の経営学』（笠間書院）の図に基づく（一部改変）。江戸の商家においても、宝永7（1710）年の時点で複式簿記が取り入れられていた（江戸・三井家の例）。吉原遊廓の妓楼でも採用されていたかは不明だが、日比谷氏は賃借対照表に照らして考察している。

引手茶屋が介して登楼する独自システム

妓楼1階にある座敷は内証（内所）と呼ばれ、楼主夫妻が坐している。吹き抜けの空間となっており、客の出入りから働く者たちの様子まで、一望に監視でき、楼主や女房が目を光らせていた。そのほか1階には、楼主一家の居室、納戸、行灯部屋、奉公人の部屋から内風呂、便所などがあった。客が遊ぶのは2階である。遊女らを監視・管理する遣手《やりて》の部屋や引付座敷（上級遊女と初めて会う際に通される部屋）、酒宴を開く部屋、遊女の個室などがひしめき合っている。

　こうした妓楼に客を斡旋するのが、引手茶屋である。大見世は引手茶屋の案内がない客は受け付けず、また妓楼も引手茶屋の案内で登楼する客を上客として歓迎した。引手茶屋を通して遊ぶ場合には、妓楼でかかる費用の一切は、引手茶屋が立て替える。飲食代も含めて、引手茶屋が客にまとめて請求する仕組みだった。後日、妓楼の掛廻りの若い者が引手茶屋に集金に行く。個別に客に請求しなくてもよかったため、妓楼も引手茶屋を通した客を優遇した。

　妓楼で働く遊女は、借金のカタに売られてきた女子たちである。つまり、遊女の給金は原則前渡しであり、その返済のために年季奉公をした。妓楼の経営についてユニークな研究を行った日比谷孟俊氏（工学博士、専門はシステムデザイン・マネジメント）は、貸借対照表の発想を導入して、分析している。

　これによれば、遊女に関わる費用は、負債として計上される人件費ではなく、設備投資であり、固定資産として扱い、減価償却も加味して検討すべきだという。上に挙げたのは、日比谷氏の分析に基づく、妓楼の貸借対照表の引用である。

新吉原江戸町二丁目丁子屋之図　鳥居清長画　大英博物館蔵
吉原遊廓内の江戸町二丁目、右側4軒目にあった丁子屋の1階を描いた図。天明の頃の「吉原細見」によれば、丁子屋は呼び出し格の花魁4人をはじめ、60人を超える遊女を抱える大見世であった。画面右半分に描かれた台所では、料理人が魚を捌いたり、煮物を作ったりしているのがわかる。

大福帳が残されていないため、想像で補った部分もあるが、妓楼におけるお金の動きを知る目安となるだろう。資産合計は現代価格に換算すると、4億3200万円、年間の利益は5400万円にのぼるという。

北里十二時　石川雅望作･葵園北渓画　国立国会図書館蔵
内証の長火鉢に座る妓楼の楼主夫婦。手前の男性は商談に来た商人で、画面右には遊女に引かれて室内に入ってきた按摩が描かれている。

遊女の階級と揚代

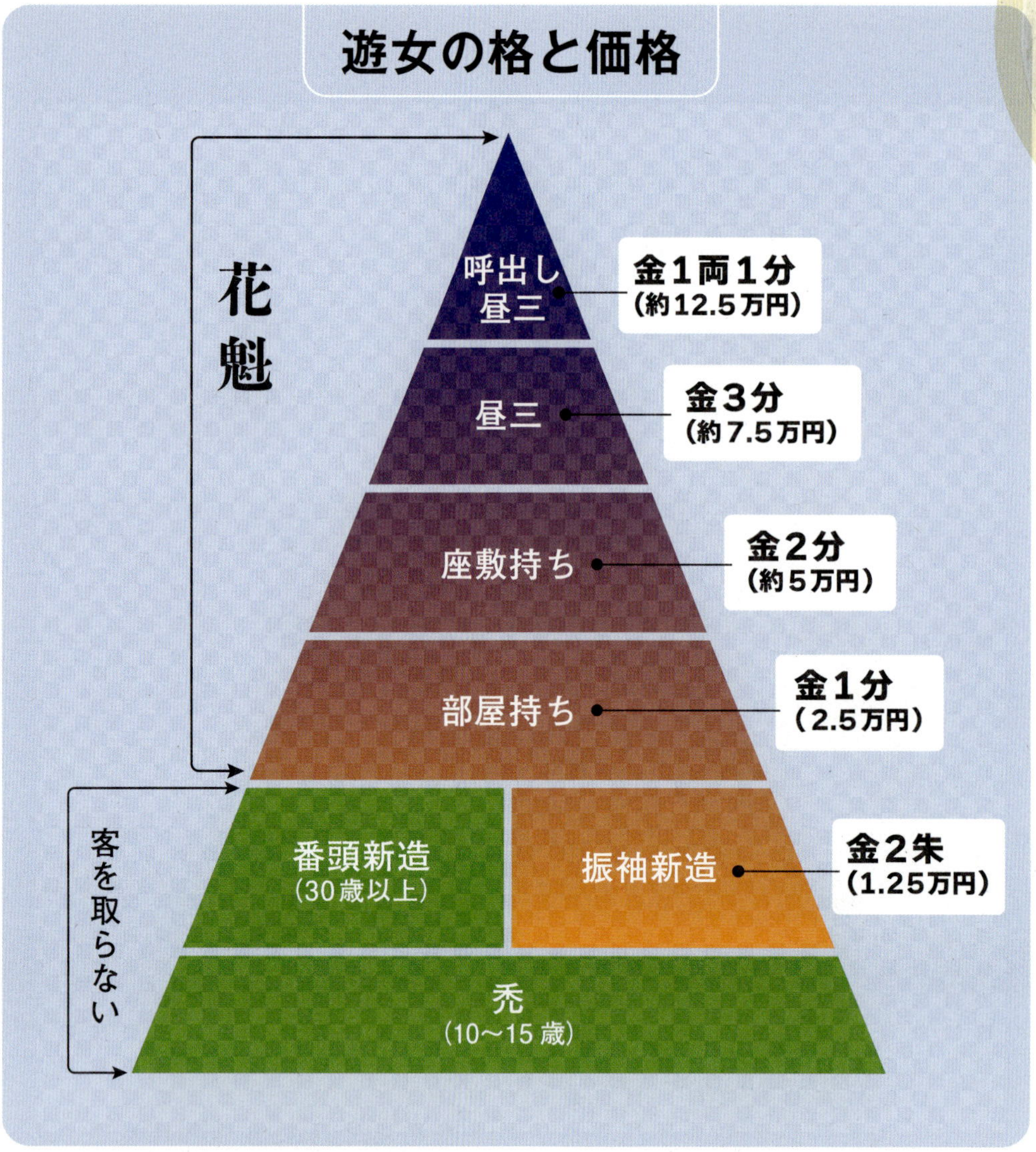

図は永井義男『図説吉原事典』（朝日新聞出版）を参考の上作成。

江戸のファッションリーダー的存在である吉原の遊女と遊ぶことは、それなりの格式があり、その分だけ大きなお金がかかった。また、遊女のランクに従って、その揚代もかなり差があった。

高級遊女「呼出し昼三」揚代は12万5000円

遊女には厳格な階級があり、待遇にも差があった。これは妓楼がわざと遊女らを競い合わせ、売上をのばすための経営戦略であった。

宝暦（1751〜64年）の頃に揚屋制度の廃止とともに、太夫などの位がなくなった後、昼三《ちゅうさん》が最高位の遊女となった。昼三とは昼夜の揚代が金3分であったことに由来する。現代価格に換算すると、約7万5000円である。

昼三のなかでも最高位の遊女を「呼出し昼三」と呼び、揚代は1両1分（12万5000円）にもなった。

昼三の下には自分の個室と客を迎える座敷が与えられた「座敷持ち」、個室のみを与えられた「部屋持ち」が続く。

なお、呼出し昼三から部屋持ちまでの上級遊女を吉原では「花魁」と呼んだ。遊女への敬称であり、客も妓楼の奉公人も「花魁」と呼びかけた。吉原以外の岡場所や宿場の遊女は花魁とは呼ばれず、吉原独自のものである。花魁は、その格式の高さを表す象徴でもあった。

昼三には2〜3人の振袖新造、禿《かむろ》2人、番頭新造が付い

歌川国貞画「吉原高名三幅対」国立国会図書館蔵

吉原遊廓の河岸見世にあった局見世は切見世とも呼ばれた。長屋形式の簡便な見世で、各部屋は土間を上がると、2畳ほどの狭い室内で客を取った。本図は局見世の遊女を描いたものだが、美人画としてあえて若く健康的に描いている（歌川国貞画「当世美人揃之内」国立国会図書館蔵）。

河岸見世の揚代

小見世の場合	2朱（最大で）
現代価格	1万2500円
局見世の場合	100文（一ト切＝10分間）
現代価格	約1530円

て、雑用をこなした。振袖新造は個室を持たない若い遊女で、客を取るときは共用の廻し部屋を用いた。

番頭新造は主に年季明け後の遊女たちで、30歳過ぎが多く、客は取らなかった。禿は遊女見習いの女子で、一人前になるまで昼三が自費で面倒をみなければならなかった。

菊川英山画『絵合錦街抄』国際日本文化研究センター蔵

吉原の最下級遊女は10分間で1530円!?

座敷持ちの揚代は金2分(5万円)、部屋持ちは金1分(2万5000円)、振袖新造で金2朱(1万2500円)であったが、もちろんこれらはあくまでも公定価格であり、そのほか、客はことあるごとに祝儀や贈り物をするなど、出費がかさんだ。

年季奉公である遊女は実質、無給で働かなければならない。着物や化粧品、髪飾りなども自己負担であるため、借金が膨らみ、いつまでも身売り金を返すことができないことになりかねない。

また妓楼側も事あるごとに罰金などを課し、なるべく長く妓楼に置けるようにした。だからこそ、遊女たちは手練手管を駆使して、客を誘惑し、祝儀などをねだったのである。

多くの妓楼は五丁町の表通りに軒を連ねたが、大門から見て左右のお歯黒どぶ沿いの羅生門河岸、西河岸にも妓楼があった。いずれも安価な妓楼で、河岸見世と呼ばれた。そこで働く遊女は、年齢などを理由に表通りの妓楼では通用しなくなり、鞍替えしたり、あるいは年季明けでどこにも行くことができず、流れてきた者が多かった。年齢も30歳を過ぎている遊女で、病気持ちも多かったという。

河岸見世には小見世と局見世という種類があった。小見世は2階建ての妓楼で張見世もあったが、規模はずっと小さく、揚代も最高で2朱(1万2500円)。個室はなく、共用の部屋で事に及んだ。局見世は切見世とも呼ばれる、長屋形式の簡素な見世だった。揚代は一《ひ》ト切《ときれ》(ちょんの間=10分間)で100文(約1530円)。

時間が短すぎることから、普通、客は延長して2~3倍の値段を払うことになったという。

歌川広重画『東都三十六景』より「吉原仲之町」国立国会図書館蔵

吉原遊廓で働く人々

吉原遊廓が作る非日常の空間の中心は、遊女に他ならない。しかし、その空間と時間を演出するために多くの人々が立ち働いていた。

妓楼で働く人々
楼主に遣手、若い者

吉原の妓楼では、遊女以外にもさまざまな人間が働き、経営が成り立っていた。

妓楼の経営者である楼主は、妓楼の1階の内証の奥に住み、営業時間帯は常に内証にいて目を光らせていた。妓楼経営にはそれなりの経営手腕と管理能力が求められた。俗に楼主は「忘八《ぼうはち》」と呼ばれる。「仁」「義」「礼」「智」「忠」「信」「孝」「悌」の8つを忘れた人間という意味である。

また、花魁や新造、禿を教育し、また監視・管理したのが遣手である。年季明けの遊女が行き先もなく、そのまま妓楼に留まり、遣手になるケースも多かった。吉原の表裏を知り抜き、各妓楼に1人ずつ置かれるのが通常である。若い新造や禿らをしつけ、客のあしらいや性的サービスの方法を伝授した。遊女を中心とする妓楼では、遣手の存在は大きい。容赦ない指導は、時に残忍な折檻にも及んだ（詳細は38ページ参照）。

また、妓楼で働く男性の奉公人は、年齢に関係なく総称して「若い者」と呼ばれた。狭義では、接客などを担当する男性の奉公人を若い者とする。飯炊きや風呂番などの裏方に従事する奉公人は、「雇人」と呼ばれた。

若い者の筆頭が番頭で、帳場を預かっていたという。妓楼の妓夫台に坐し、客の出入りを見張る見世番がいた。張見世で遊女の品定めをしている客に登楼を促し、指名を取り継いだりした。

歌川国貞画「青桜二階之図」

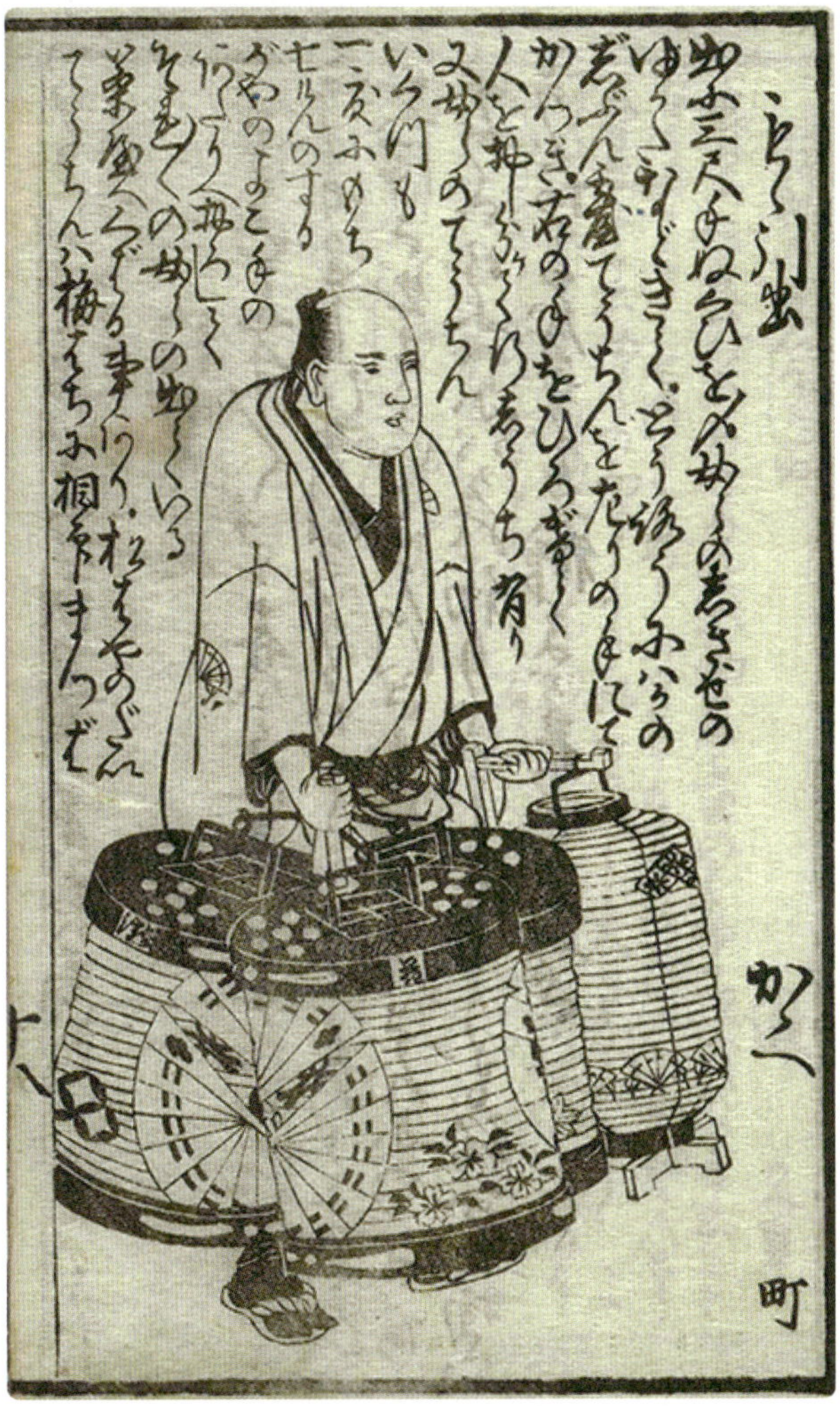

同じく山東京伝が描いた、妓楼で働く若い者。股引姿で、箱提灯を両手に抱えているため、「抱え」とも呼ばれ、仲之町に行くため、「町」とも呼ばれる（山東京伝作・画『客衆肝照子』東京都立中央図書館蔵）。

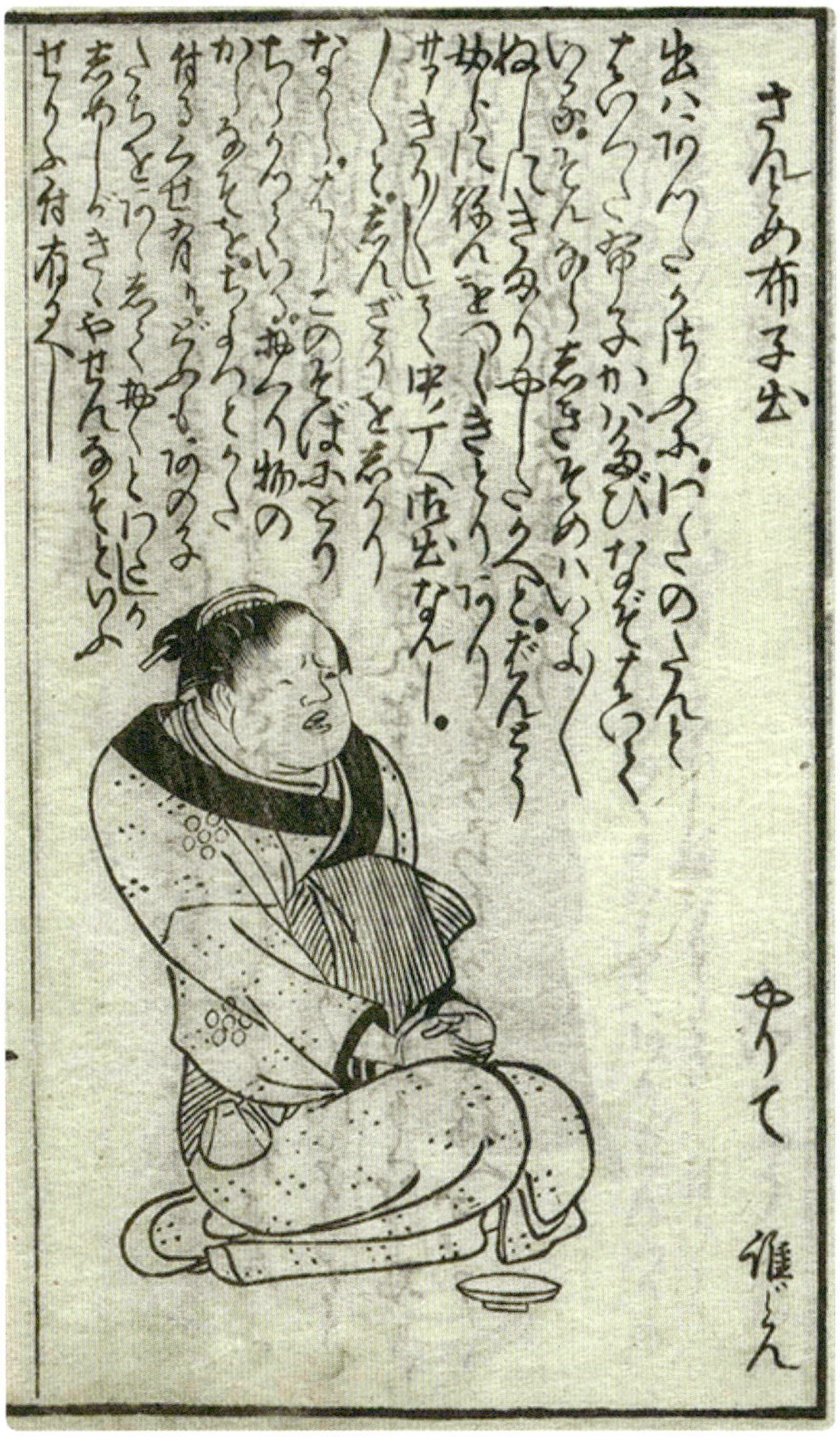

吉原の事情に通じていた戯作者・山東京伝による洒落本には、吉原で生きる人々の姿がその衣装や動作・口癖などとともに描かれている。本図は「誰どん」と呼ばれる遣手（山東京伝作・画『客衆肝照子』東京都立中央図書館蔵）。

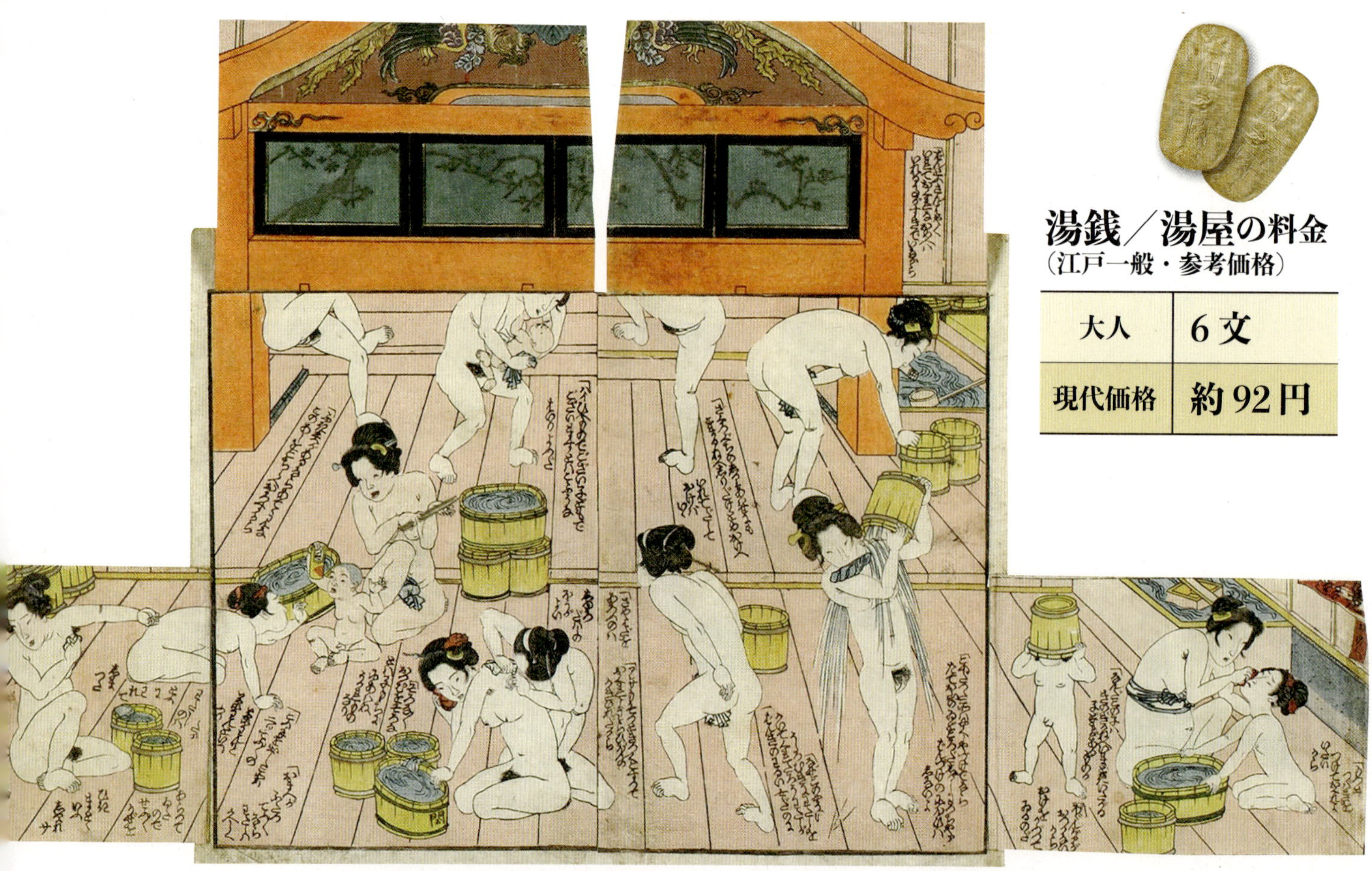

湯銭／湯屋の料金
（江戸一般・参考価格）

大人	6文
現代価格	約92円

江戸は火事対策のため普通の民家には内風呂はなく、庶民は湯屋に通った。吉原の各妓楼には内風呂があったが、吉原遊廓内にも湯屋があり、時には遊女らも通ったという。（歌川国貞画「泉湯新話」国際日本文化研究センター蔵）。

吉原の高級仕出しは量も少なく不味かった!?

客が遊ぶ妓楼2階を取り仕切ったのが、廻し方（二階廻し）である。初会の客と遊女が対面する際には、遣手と廻し方が同席するのが常であった。馴染みの客となれば、その後はすべて廻し方が担当に付く。座敷や宴会の世話を行い、折を見て客に揚代を請求するのも廻し方の役目である。

また、廻し方の下には客と遊女の寝床を準備する床廻しがいる。

このほか、若い者には、引手茶屋などから売掛金を回収する掛廻りがいた。集金率が悪いと楼主から叱責され、罰金も取られたという。

妓楼の料理番は、主に奉公人の賄いを作ったが、時に客用の簡単な品も用意した。宴席用の豪華な料理は、「台屋」という仕出し料理屋から取り寄せており、こうした料理を「台の物」という。台の物の価格は1分（2万5000円）で「一分台」と呼ばれた。刺身・煮物・硯蓋《すずりぶた》（口取り）、焼物の4種だったという。天保年間（1830～44年）には二朱台（1万2500円）ができ、煮物と酢の物の2種だった。高価な割に味は悪く、量も少なかった。そのほか、遊廓にはうどん屋や蕎麦屋、鰻屋などがあり、卵や鮨の行商もあった。

遊女の食事は朝昼は質素、夜は湯漬けをかき込む程度で、時に台の物の残り物にたかることもあったという。

各妓楼には当時としては珍しく内湯があり、客を見送った遊女が朝風呂をした。その風呂を沸かし、掃除をしたのが風呂番である。内湯は狭く、気分転換のためもあってか、遊女はしばしば吉原内にある湯屋を利用したりもした。居続けの客も内湯を利用できたが、同様に湯屋に行くことが多かった。

吾妻源氏雪月花の内　花　歌川豊国画　国立国会図書館蔵
吉原遊廓の中之町で、中央に花魁、左端に台屋の運び(配達人)が描かれている。台の物の料理は値段の割に分量が少なく、味も良くなかったという。

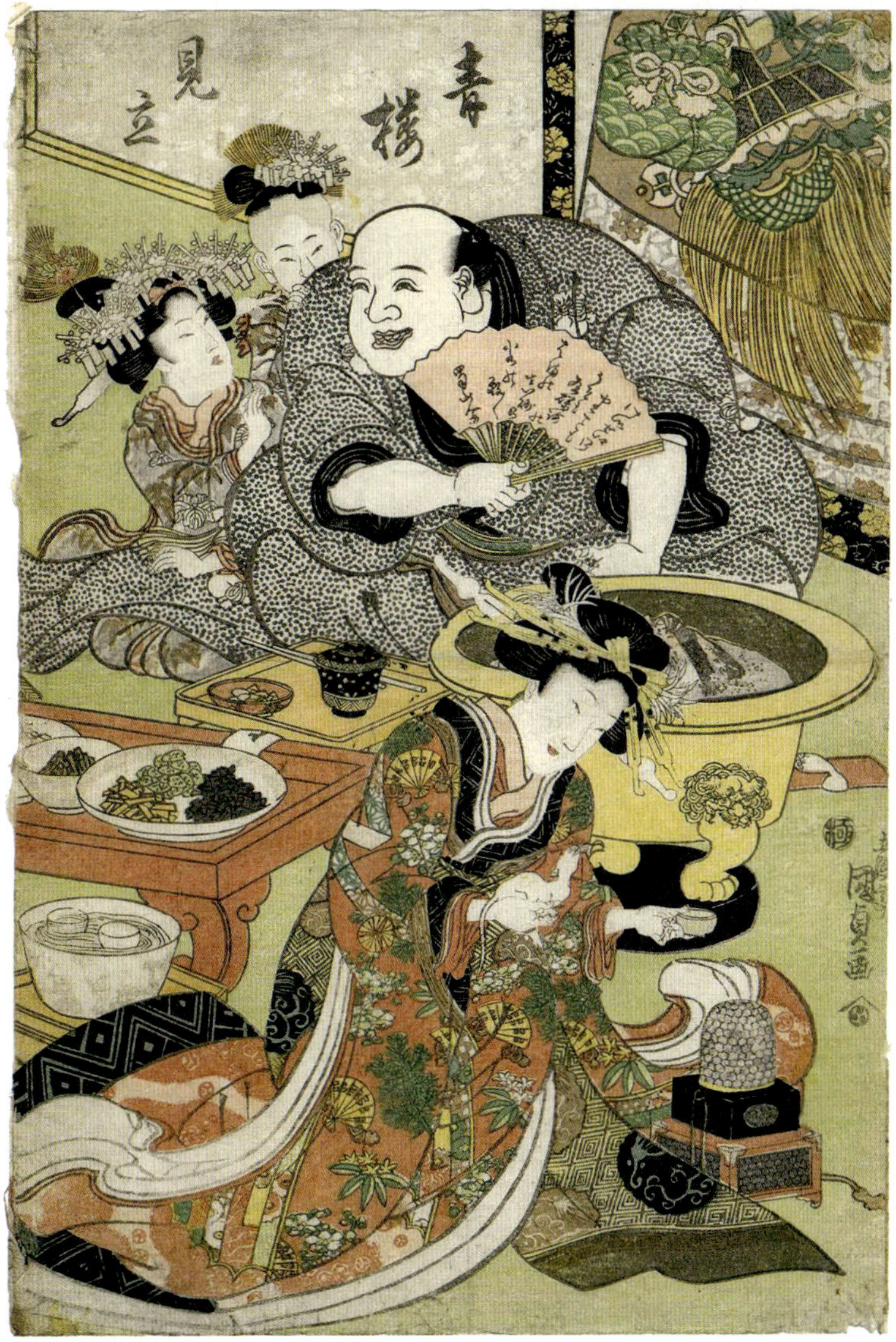

台の物の値段
(江戸一般・参考価格)

2朱～金1分	
現代価格	1万2500円～ 2万5000円

青楼見立七福神(部分)
歌川国貞画　ボストン美術館蔵
妓楼の座敷に、台の物が置かれているのがわかる。台の物の価格は1分で一分台と呼ばれ、刺身、煮物、硯蓋(口取り)、焼物の4種、二朱台は煮物と酢の物の2種だったという。このほか、遊廓の外からの仕出し料理や、うどん屋、蕎麦屋、鰻屋、卵や鮨の行商もあったという。

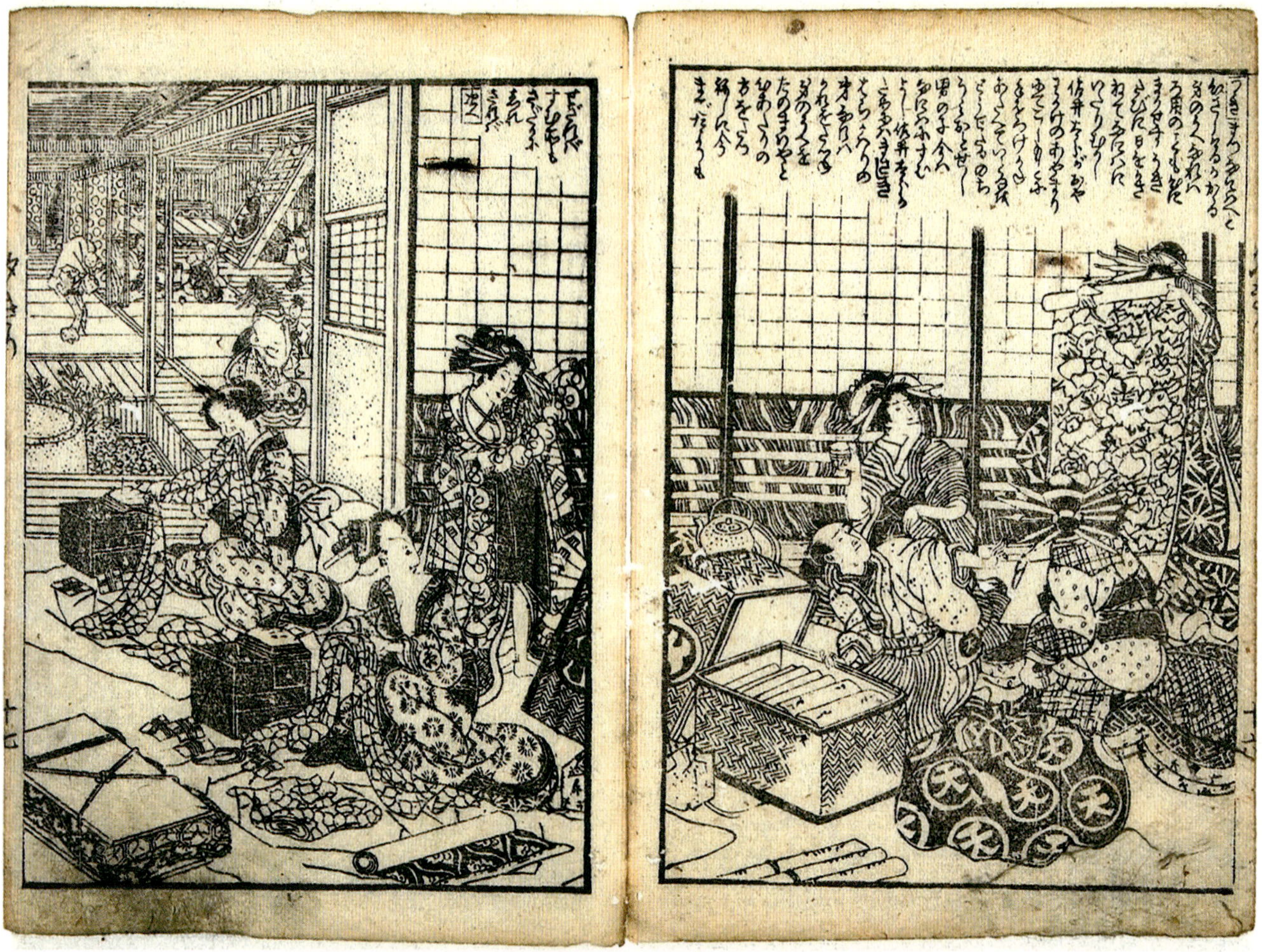

呉服屋が妓楼の1階の部屋で反物を広げている様子を描いた図。呉服屋にとって吉原の遊女と、江戸城・大名屋敷の奥女中が一番の得意先だった（山東京伝作・歌川国直画『冬編笠由縁月影』国立国会図書館蔵）。

吉原の妓楼に出入りする商人と職人たち

このほか、拍子木を片手に妓楼の2階を歩いて、時刻を告げて歩く役目を不審番と呼んだ。客と遊女の寝床部屋には、隅に行灯《あんどん》を置いて、深夜も火は欠かさなかった。油の補充も不審番の仕事で、夜が明け、客が帰ったのちに行灯を掃除してからその日の仕事を終えたという。また、妓楼にはお針と呼ばれた裁縫女（裁縫係）もいた。妓楼に住み込む場合と、通いで働く場合があり、これは芸者とも似ていた（それぞれ詳細は後述する）。

また、吉原の妓楼では、遊女をはじめとした住み込みの奉公人が毎日、忙しく働いていたが、さまざまな行商人たちも出入りをしていた。毎日、妓楼に出向いていたのが髪結である。遊女の髪は原則、女髪結が担当した。昼前には妓楼にやってきて、遊女の髪を整えた。ただし禿は男の髪結が担当したようである。山東京伝『青楼昼之世界錦之裏』（左上図）では、出入りの魚の行商人と妓楼の料理番が交渉している横で、男髪結が禿の髪を結っている。

遊女が着飾る紅や白粉を扱う小間物屋や、華やかな着物を作るために欠かせない呉服屋も妓楼に出入りしていた。呉服荷を担いで妓楼を訪れては、遊女に品物を見せて、売り込んだのである。

上に挙げた図は、呉服屋が妓楼の1階で反物を広げている様子を描いたものである。多くの遊女が集まってきて、反物を選んでいるが、高価な着物を新調するには、客から多額の祝儀をもらわなければならない。

吉原の遊女の多くは、読み書きができた。自由な外出ができないため、読書が最大の気晴らし、楽しみであった。そんな遊女に向けて、貸本屋が定期的に妓楼をまわった。

吉原の妓楼の昼間の様子を描いた場面。画面右では禿が髪を結ってもらっているが、禿は男の髪結に結ってもらうのが決まり。画面左では軽衫（裾を狭くしただぶだぶの袴）をはいた料理番が、出入りの魚の行商人と値段を交渉している（山東京伝作・画『青楼昼之世界錦之裏』国立国会図書館蔵）。

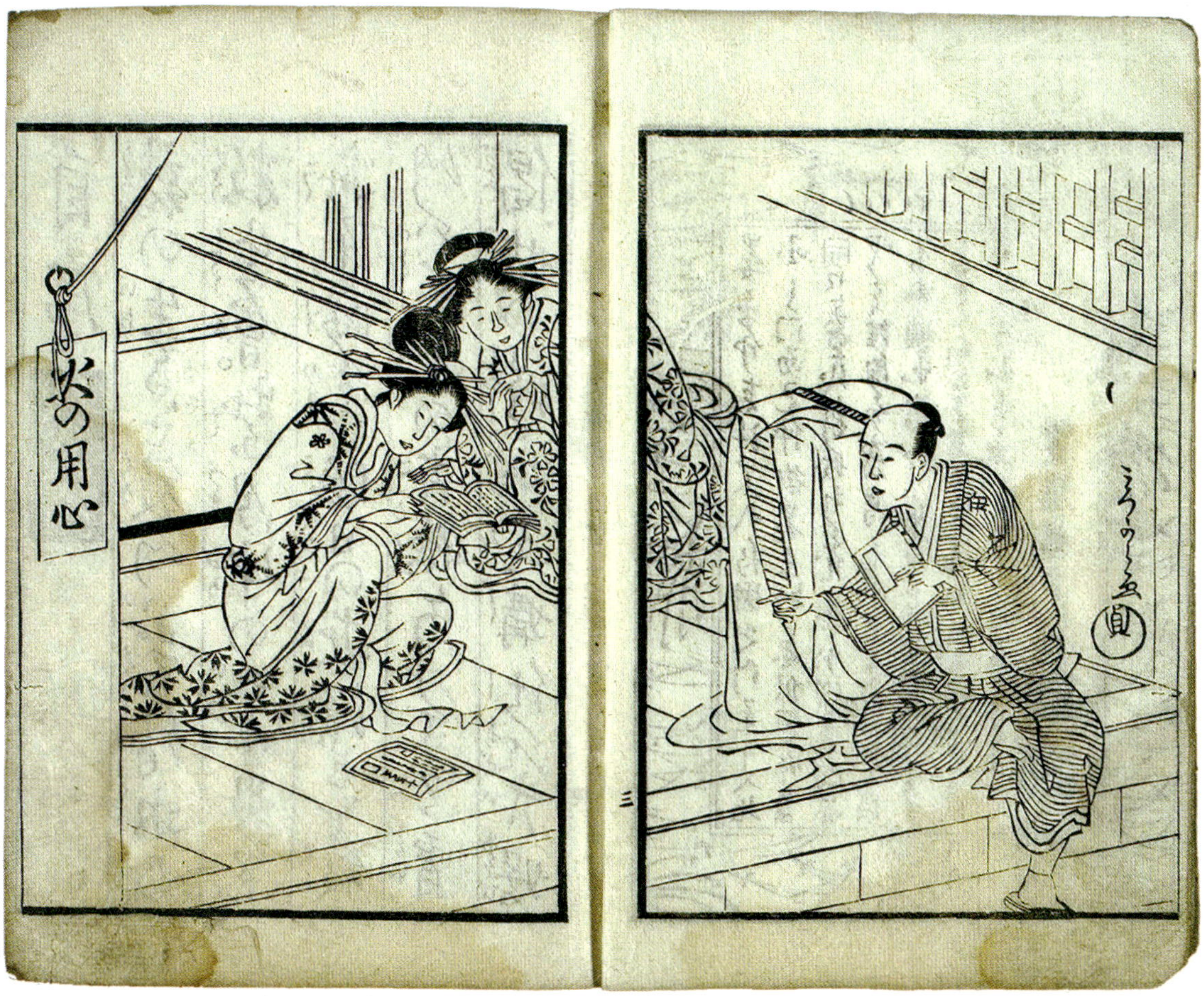

遊女に新刊本を見せる貸本屋（『倡客竅学問』立教大学池袋図書館蔵）。出典: 国書データベース、https://doi.org/10.20730/100297494

吉原の芸者たち

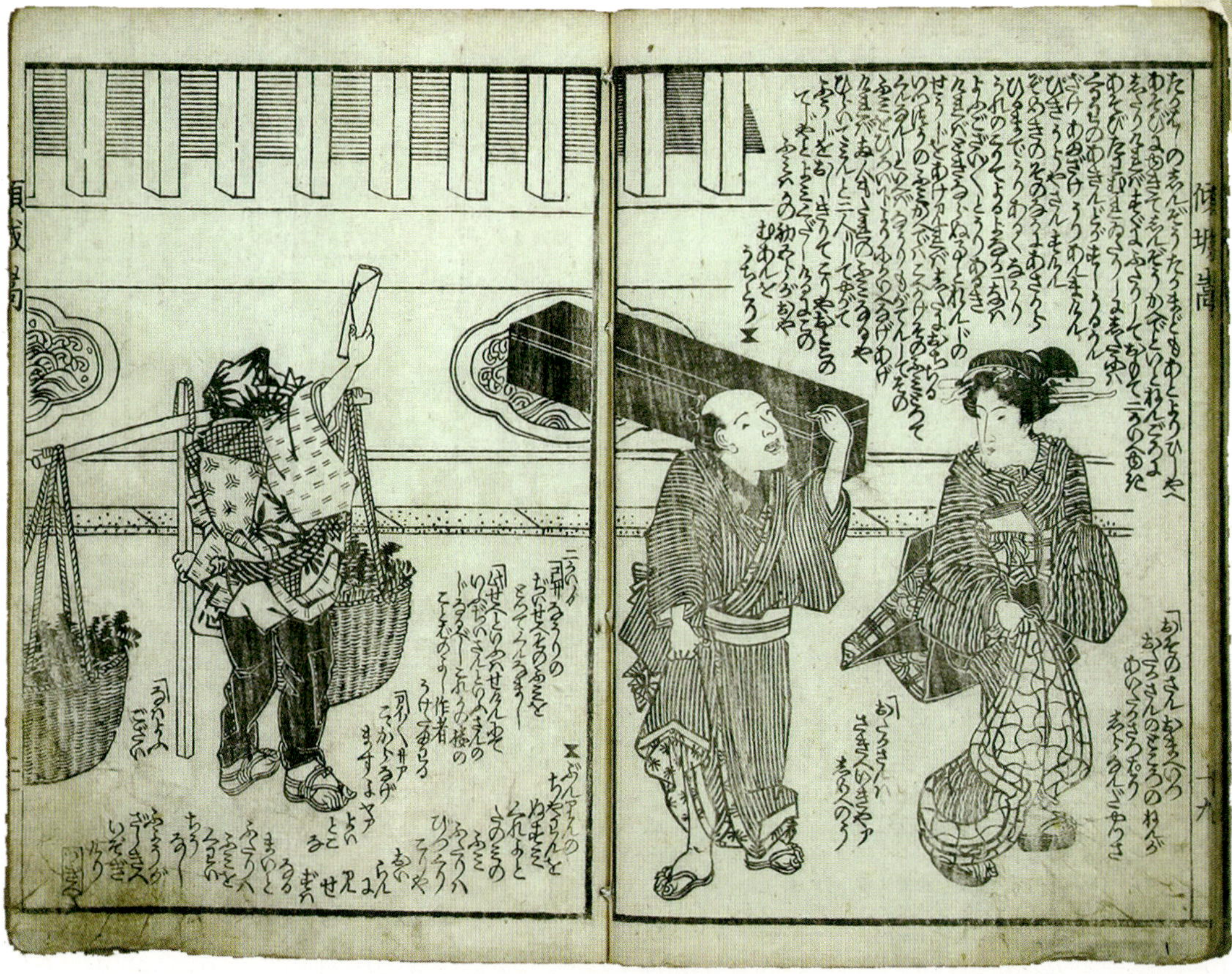

見番芸者と三味線を担いだ見番の若い者が描かれた図
（坂東秀佳／五街遊人調布作・歌川国安画『情競傾城嵩』早稲田大学図書館蔵）

遊女とともに吉原の空間・時間を演出する芸者たち。遊客たちと近しい場面に立ち会うため、遊女との間には厳格な差と決まりが設けられていた。

吉原の遊女と芸者 厳密な役割分担

大名や豪商らが多く遊んだ頃の吉原では、その相手をする太夫らも、美貌や立ち居振る舞いだけでなく、芸能面でも高い技能と教養が求められた。『色道大鏡』によれば、三味線、琴、胡弓、貝覆《かいおおい》、歌留多、歌文字鎖、双六、手鞠、羽根つきなどを習い、身につけたという。

しかし、太夫がいない時代になると、遊女との役割分担が確立し、音曲は芸者が担うことになった。吉原の芸者は、妓楼に住み込みの内芸者と、吉原内の裏長屋に住む見番芸者があった。

後者の場合、見番に登録し、妓楼に呼ばれて宴席に出ることになる。見番は仲之町にあったため、仲之町芸者と呼ばれた。

芸者が妓楼に出向く際、2人1組で一席につき金1分（2万5000円）の料金がかかった。延長すれば費用がかさむが、最初から昼夜通しで雇うと金3分（7万5000円）だった。

これとは別に客から祝儀をもらうことも多かった。また、妓楼や遊女の手前、吉原の芸者は客と寝ることは禁じられていた。

このほか、妓楼の宴席では幇間《ほうかん》（太鼓持ち）もしばしば同席した。吉原内の裏長屋に住んで見番に登録していた。妓楼の宴席で客の機嫌を取り、小噺や芸者の三味線で唄を披露したり、踊ったりする。「死ぬ程につとめてたいこ壱分とり」と川柳にあるように、料金は金1分（2万5000円）だったようだ。

三曲合奏図　葛飾応為画　ボストン美術館蔵　北斎の娘・お栄子と葛飾応為による作品。町娘と芸者、花魁という普通ではあり得ない光景を描いたもの。

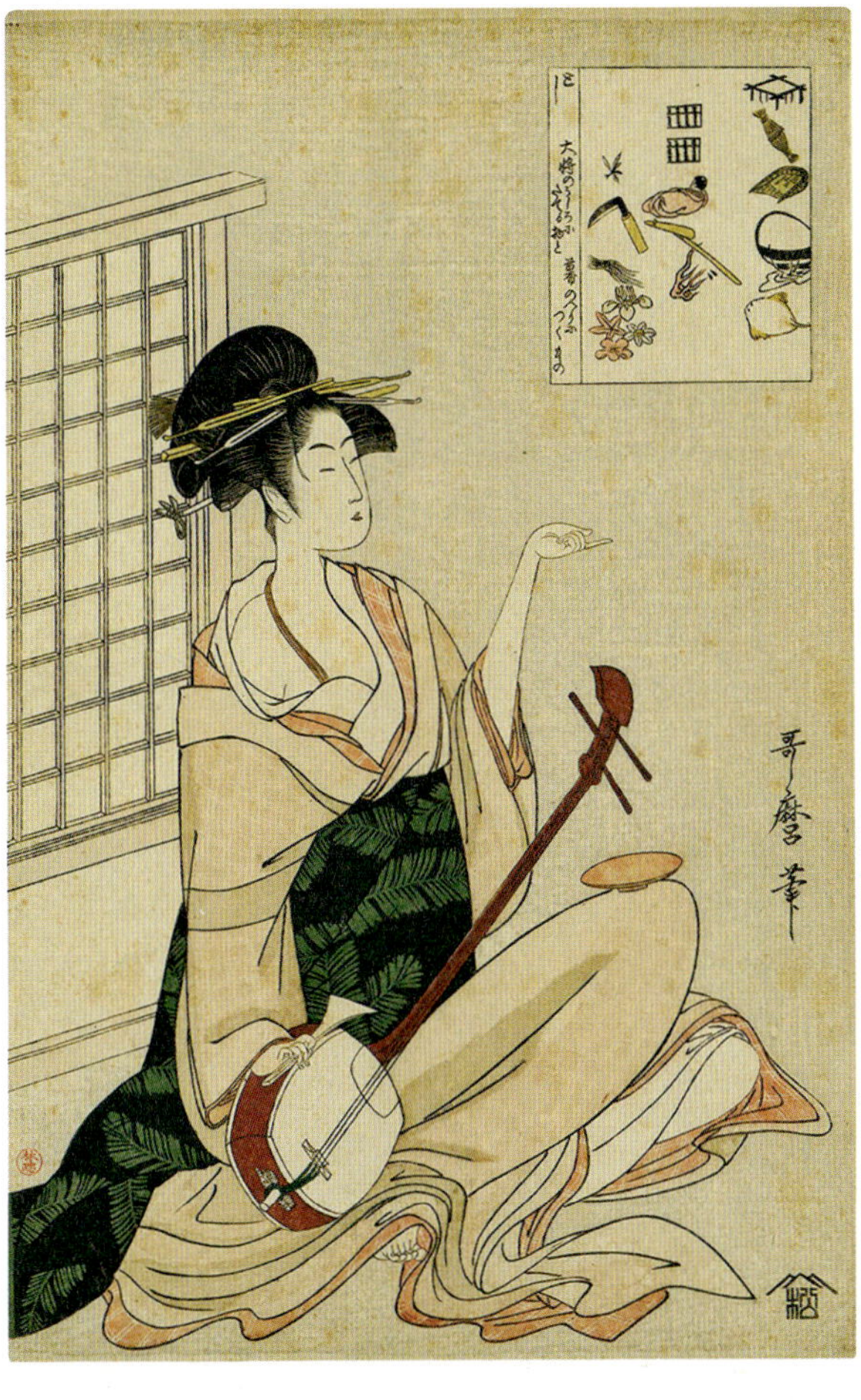

芸者の報酬

1席分 (2人1組)	金1分
現代価格	2万5000円

芸者酔い姿
喜多川歌麿画　東京国立博物館蔵
富本節の吉原芸者・富本斎富を描いた作品。襟元がはだけて、ほろ酔い状態にある様子がわかる。歌麿らしい艶やかな表現が光る。

Column

吉原の本屋
蔦屋重三郎

吉原遊廓を出版物によって江戸の一大テーマパークに仕立て上げた、
希代のヒットメーカーは、吉原生まれ・吉原育ち!?

蔦重こと蔦屋重三郎は、安永・天明期に江戸の本屋・出版社（版元）として活躍した人物である。庶民文化が花開き、上方から江戸へと文化の重心が移ろうとしている最中、吉原に生まれ育った。吉原は流行文化の発信源となり、出版物を通じてこれを演出したのが、他でもない蔦重であった。吉原大門前の五十間道に店を出し、吉原遊廓のタウンガイドである「吉原細見」を売り出した。「吉原細見」は各妓楼に所属する遊女のリストや、茶屋や吉原の芸者たちの情報や金額などを含めた、吉原の総合ガイドブックである。蔦重はこの「吉原細見」の独占業者となった。また、盟友の山東京伝らと共に吉原を舞台にした流行の大人向け絵本・黄表紙や洒落本を多数刊行し、人気を博した。当時、既に浮世絵界の重鎮絵師である勝川春章や北尾重政とは、吉原を美しく表現した絵本を制作。寛政期には、喜多川歌麿の才能を見抜き、美人絵の作者として起用する。吉原の遊女をファッション・スターのように描いて売り出し、たちまち人気となった。蔦重の出版物が売れるほど、吉原のブランド価値が高まっていったのである。出版物を通して、吉原を巧みに演出し、これに惹かれた読者がこぞって吉原を訪れ、遊んでいく。まさに蔦重と吉原は、ウィンウィンの関係を築いたのであった。

山東京伝作・歌川豊国画
『箱入娘面屋人魚』東京都立中央図書館蔵

第2章

遊女という生き方

遊女とは何か？

一見華やかに見える吉原・遊女の世界。しかし、彼女たちの多くは借金のカタとして妓楼に売られ、借金を返すまで働き続ける、一種の人身売買であった。

装飾品の値段

本蒔絵鼈甲櫛	銀3匁5分
現代価格	約5830円
鼈甲櫛	銀1匁5分
現代価格	約2500円
極上品の鼈甲櫛	2両～7両
現代価格	20万円～70万円

花魁と禿

わずか30万～50万円で売られた貧農の女子たち

徳川幕府も建前として人身売買を禁じたため、遊女は表向きには年季奉公とされた。年季と給金を取り決め、証文を取り交わして、妓楼で働く奉公人であった。しかし、その実態は、貧しい両親が給金を前借りし、その借金のカタとして娘を売り渡したのである。それは身売りに等しく、事実上の人身売買であった。親や親類が直接、娘を妓楼に売る場合もあれば、女衒《ぜげん》（周旋屋）を介し、妓楼に売り渡す場合もあった。時代は下るが大正時代の遊女の日記『光明に芽ぐむ日』では、周旋屋に言葉巧みに説得され、吉原へと売られる様子が記されている。著者の森光子は父が亡くなり、一家が困窮したことから吉原に行くことを決め、１３５０円の証文で妓楼・長金花楼に身売りした。しかし、家に入った金額は１１００円で、差額の２５０円は周旋屋の手数料となったと思われる。大正時代の物価から算定して、仮に当時の１円を現在の４０００円ほどの価値とすると、日記の著者は５４０万円で売られたことになる（同日記に関しては１０８ページを参照）。だが、江戸時代の遊女はより安価で取引されたと考えられる。『世事見聞録』には、越中・越後・出羽など東北・北陸の貧農は、「３両か５両の金子に詰まりて売る」とある。現代価格で30万～50万円ほどである。このような安価な値段で売られ、過酷な労働を強いられた。

歌川国貞画「新吉原京町一丁目角海老屋内・角ゑひやうち」国立国会図書館蔵

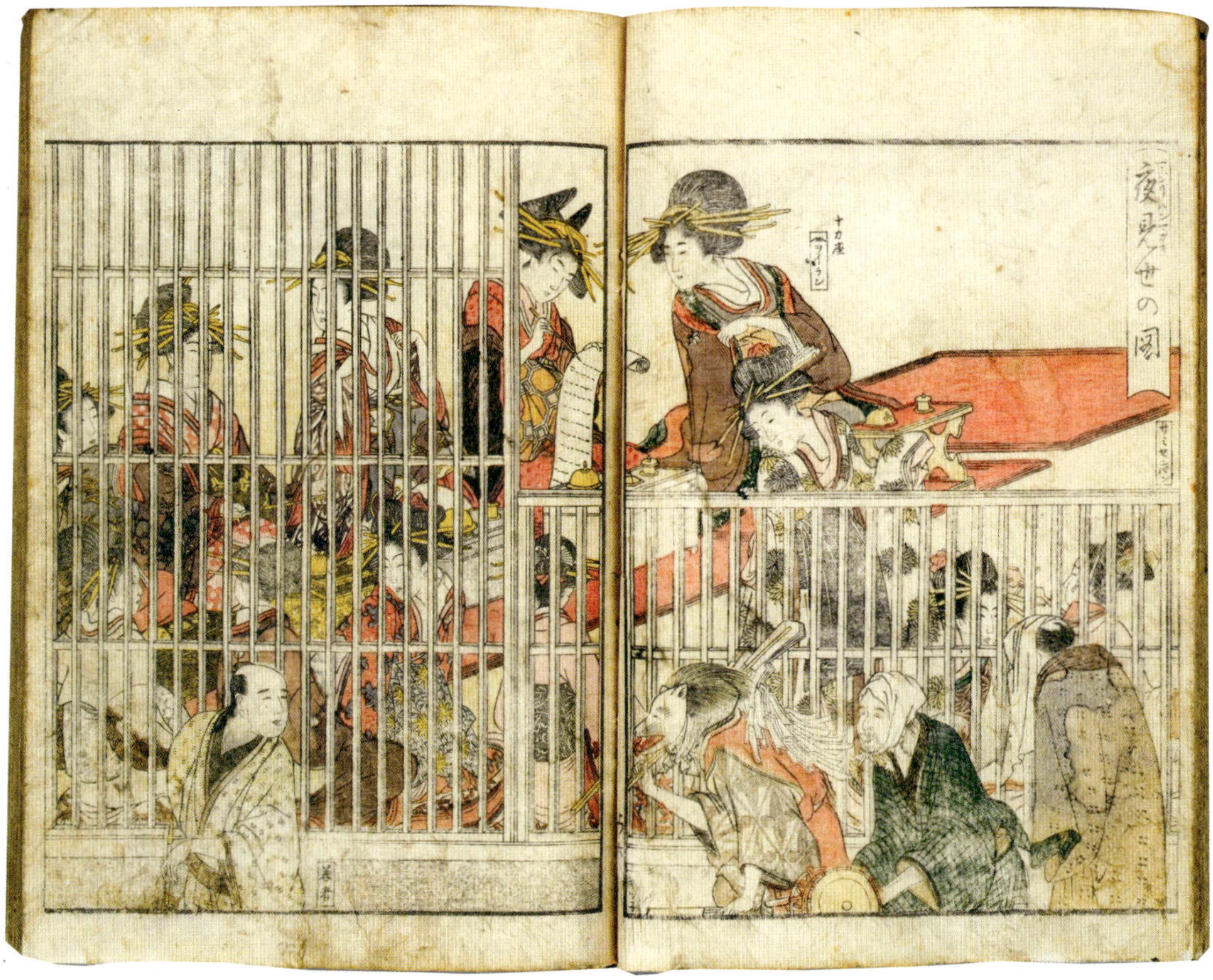

十返舎一九作・喜多川歌麿画『青楼絵抄年中行事』より「夜見世の図」国立国会図書館蔵

浮世絵姿吉原大全　仲の町へ客を送る寝衣姿
渓斎英泉画　国立国会図書館蔵
朝帰りの客を見送る「後朝の別れ」の様子を描いた一枚。

遊女の身請け代

松葉屋の遊女・薄雲の場合	350両
現代価格	3500万円
松葉屋の遊女・瀬川の場合	1400両
現代価格	1億4000万円

遊女の身売り代

地方の貧農の少女の場合	3両〜5両
現代価格	30万円〜50万円
下級武士の娘の場合	18両
現代価格	180万円

恐ろしく安い江戸時代の人件費

『宮川舎漫筆』や『き丶のまにまに』によると、安政4(1857)年に下級武士の娘が貧窮に陥った家族のために吉原に身売りした例がある。値段は18両(180万円)だったという。武士の娘ならば、格式を重んじる吉原でも上玉であるが、わずかな値段で売られた。身売りした女子は妓楼で教養や所作を学んだ。14ページの貸借対照表の負債欄に教育費が計上されていることからわかるように、妓楼は女子らを一人前の遊女にするための教育費を負担しなければならなかった。

投資の元を取らなければならない妓楼は、なるべく長く働かせるために、何かにつけて借金を膨らませ、年季をのばそうとした。

そもそも遊女は住み込みで働き、衣食住が保障されたが、実際には多くのお金がかかった。衣装や寝具、髪飾り、化粧品なども自分で買わなければならない。出世すれば、新造や禿の面倒も見なければならなかった。日々のさまざまな支払いをすれば、自然と内証に金を借りなければならなくなる。

他方、吉原とは別に無認可で営業していた岡場所の私娼たちが吉原に売られる場合もある。天保12(1841)年閏一月、町奉行所の取り締まりにより召し捕られた岡場所の私娼らが競売にかけられ、吉原に売られた。『藤岡屋日記』に当時の記録が残る。

たとえば「つね　18歳　江戸町一丁目丸亀屋へ　金5両2分」「きん　19歳　角町近江屋へ　金7両3朱」とある。現代価格で55万〜約72万円ほどである。岡場所の遊女は、妓楼にとって即戦力になる人材だが、それでも恐ろしく安い。江戸時代は相対的に物価が高く、人件費は安いというのが常であった。

浮世姿吉原大全
後朝の別
渓斎英泉画

遊女の境遇とその生涯

「年季は最長10年、27歳まで」とされる吉原遊廓の遊女だが、年季明けまで勤め上げる例は少ない。多くの遊女が病気などで命を落としたという。

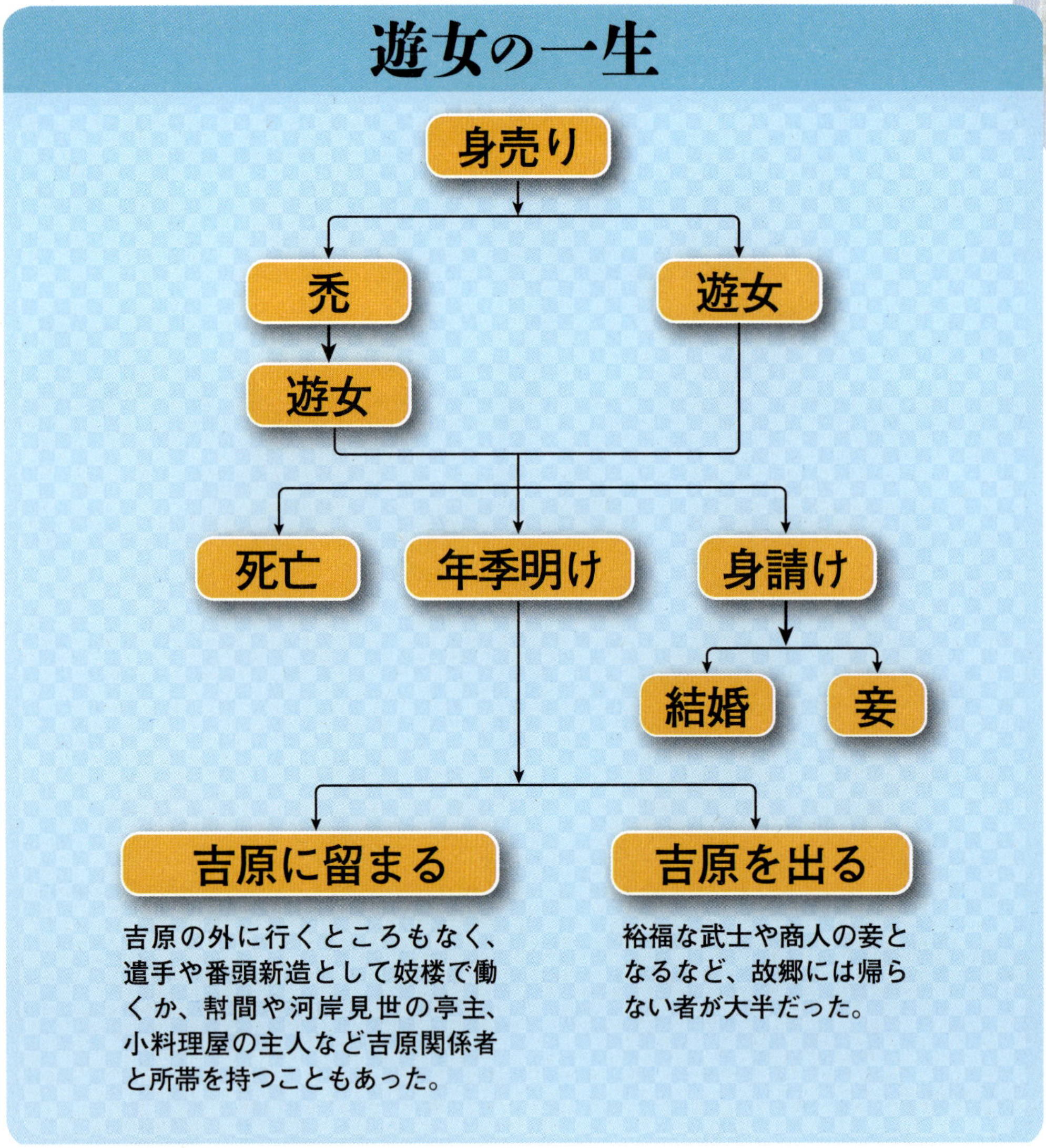
遊女の一生
身売り
禿
遊女
遊女
死亡
年季明け
身請け
結婚
妾
吉原に留まる
吉原を出る
吉原の外に行くところもなく、遣手や番頭新造として妓楼で働くか、幇間や河岸見世の亭主、小料理屋の主人など吉原関係者と所帯を持つこともあった。
裕福な武士や商人の妾となるなど、故郷には帰らない者が大半だった。

図は永井義男『図説吉原事典』（朝日新聞出版）を参考の上作成。

10年以上も妓楼で暮らす遊女も多かった!?

遊女になる際、大きく分けて2通りのケースがある。まず、幼い頃に売られて妓楼で禿として育てられ、その後、新造となり客を取るようになる場合、また適齢期で売られてきてすぐに新造となり客を取る場合である。吉原の遊女は「年季は最長10年、27歳まで」と言われる。しかし、それはあくまでも原則に過ぎない。特に禿から始まった遊女は、客を取り始めてから「10年」が適用された。そのため、妓楼にいる期間は10年をはるかに超えることとなった。妓楼で生活していく上で、女性たちはさまざまな出費を強いられる。借金が膨らみ、年季が明けた後も数年、働かなければならないこともあった。ほかの妓楼に売られることもあったという。

5〜8歳の頃に禿として妓楼に入った女子は、13〜15歳で新造になる。そのお披露目が「新造出し」である。新造出しの10日ほど前に、妓楼内や引手茶屋、船宿に蕎麦や赤飯を配った。当日は妓楼の前に蒸籠《せいろ》を重ね、上に白木の台を乗せて、縮緬《ちりめん》や緞子《どんす》などの反物を飾る。派手なお披露目には多額の費用がかかったが、新造の姉女郎である花魁がすべて負担した。

新造が初めて客を取るこ

青楼絵抄年中行事　新造出しの図　十返舎一九作・喜多川歌麿画　国立国会図書館蔵
禿が新造となり晴れて遊女となるお披露目である「新造出し」を描いた図。画面右の4人が新造デビューした遊女。その後ろに花魁らが続く。派手なお披露目は多額の費用がかかったが、すべて姉女郎の花魁が負担した。

とを「突出し」と言う。これに際しても着物や夜具を新調し、盛大なお披露目が行われた。費用は、花魁ではなく妓楼が原則として負担した。

大田南畝『松楼私語』では江戸町一丁目の大見世・松葉屋の突出しの様子が描かれている。それによれば、突出しの日には紋所をつけた金銀の扇や盃を配り、挨拶まわりに幇間や引手茶屋の若い者も同行した。彼らにも金1分（2万5000円）ずつ、祝儀を配った。また、強飯を蒸し吉原中に配り、引手茶屋に蒸籠を配ったという。

食事も粗末な内容
過酷な妓楼の暮らし

幼い禿から新造になった場合や未婚の生娘で遊女になった場合には、突出しの前に「水揚」という儀式があった。いわゆる性の初体験（破瓜《はか》）である。水揚には、気心の知れた馴染みの客に依頼することが多かったという。遊女としてデビューすると、その後は売上や評判などによって、厳格な格付けがされた。上級遊女（花魁）となれば、自分の個室を与えられた部屋持ち、日常の生活をする個室と客を迎える座敷を与えられた座敷持ち、そして、豪華な個室と座敷を与えられた昼三と上位になるほど待遇は良くなるが、その分、お付きの振袖新造や禿の教育や面倒を見なければならず、出費は増えた。

特に妓楼での生活は過酷で、昼見世と夜見世、昼夜にわたって働き、日に複数人の客を相手にすることもしばしばだった。その間、食事は粗末な内容だった。

宮本由紀子「遊郭の料理」（『歴史公論』1983年4月所収）では、遊女の食事について「粗末で3年米とよばれる虫臭い古米を用い、惣菜も芋の煮物、小魚の干物ぐらいであったという。また芋がら、おからなどを混ぜた雑炊もあり、味噌汁には味噌は少なく塩を入れたという」と説明している。

青楼絵抄年中行事　仲の町花盛之図　十返舎一九作・喜多川歌麿画　国立国会図書館蔵
引手茶屋でのしばしの飲食・歓談の後、客を連れて妓楼へと向かう花魁一行。「大尽」客を先頭に、供の振袖新造や禿、引手茶屋の女将や若い者らを続々と引き連れての道中が描かれている。

一度、沈んだ苦界はいつまでも続く

一人前の遊女として働くようになった遊女が、健康な心身で年季明けを迎えることは少なかったという。多くの場合、感染症や伝染病などが原因で、20代で病死するケースが多かった。それでもなんとか年季明けまで勤め上げた遊女には、楼主が身売り証文を返却し、大門を出るための手形を発行して渡した。

吉原では女性の出入りは、大門横にある四郎兵衛会所の番人が厳しく目を光らせていたが（詳細は88ページを参照）、遊女も手形を示せば、大門から外の世界へ出ていくことができた。

たとえ年季明けし、外の世界へ出たとしても、「苦界」は終わらない。限られた吉原の世界だけでしか生きてこなかった元遊女が、普通の庶民の女房になること自体、困難を極めた。炊事や洗濯、裁縫といった家事一般は人任せであったし、世間の常識も持ち得ていない。また、郷里の親元も頼りにできないことも多かった。吉原に売られるときは孝行者だと送り出してくれた親族たちも、いざ年季を明けて帰って来れば、その始末に困り、邪険に扱うこともしばしばであった。そのため、所属した妓楼に戻って、番頭新造や遣手として引き続き働く者もいれば、幇間や河岸見世の楼主、小料理屋の亭主など、妓楼に関係する男性と所帯を持つ者も多かった。結局、吉原の外で生きることはできなかったのである。

吉原に働く男たちと所帯を持てなかった女性は、吉原内の河岸見世や吉原の外の岡場所で、新たに体を売らざるを得なかった。

左に挙げた図は河岸見世で働く年増の最下級の遊女を描いたものである。吉原の表と裏を知り抜いた喜多川歌麿ならではの作品だ。

北国五色墨　てっぽう　喜多川歌麿画
シカゴ美術館クラレンス・バッキンガム・コレクション蔵
提供：Bridgeman Images/アフロ
遊女はたとえ年季明けとなっても元の暮らしに戻ることができず、やむなく吉原に戻ってくることもしばしばだった。なかには最下級の遊女が働く河岸見世や、吉原の外の岡場所に流れる者も多かったという。本図は吉原の最下級の遊女を描いた作品。

壮絶な遊女の暮らし

妓楼内での暮らしは不自由なことも多く、事あるごとに遊女は楼主の女房や遣手らによって折檻を受けた。ペナルティとして更なる借金を課されることもあったという。

見せしめのように過酷な折檻が横行

妓楼内ではさまざまな理由で、遊女は楼主夫婦や遣手から折檻を受けた。お茶を引くこと（客がつかず暇でいること）が続いたときや、上客の機嫌を損ねて逃してしまったとき、仮病を使い怠けていると判断されたりしたときなど、ほかの遊女が見ている前で、見せしめのように折檻を受けたという。

妓楼にとって遊女はあくまでも商品である。そのため、顔や体を傷つけて商品価値を損ねるような真似はしない。多くの場合は遊女に辱めを与える処罰だったようだ。しかし、時には苛烈な折檻に及ぶこともある。丸裸にして縛り、水を浴びせた。水を吸った宇縄（麻縄）が縮み、遊女は苦しみ泣き叫んだという。

折檻に耐えかね妓楼に火をつけた遊女

なかには、激しい折檻の苦しみと屈辱に耐えかね、遊女たちが共謀して火を放ち、名主宅に駆け込むという事件も起きた。嘉永2（1849）年8月5日、吉原の京町一丁目の妓楼・梅本屋で起きた放火事件である。近年、この事件に関する遊女の証言をまとめた調書や遊女自身の覚書が見つかり、研究が進んでいる。それによれば、ある遊女は「平生二食にて、豆腐の殼、又は草箒の芽を入、雑炊にいたし

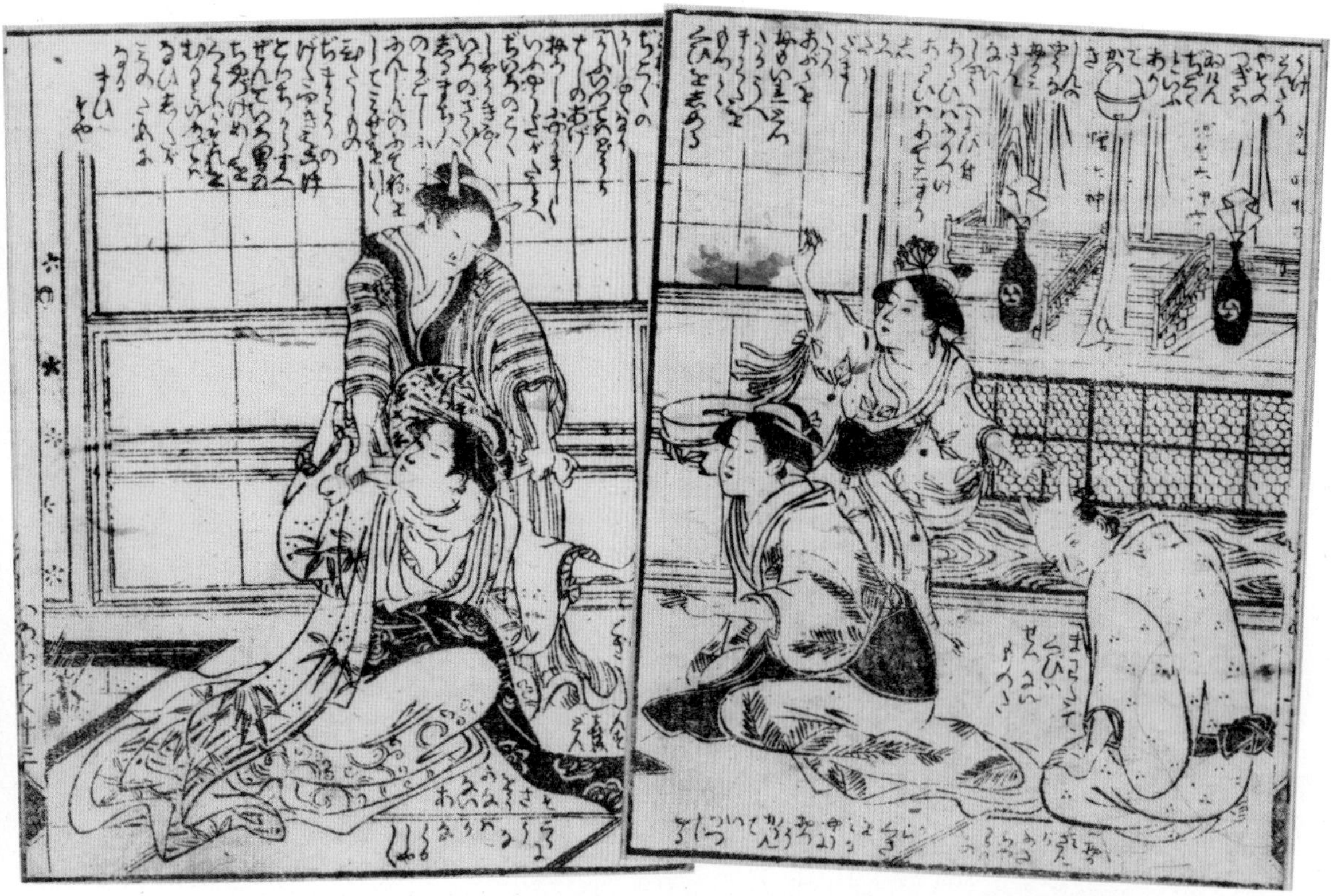

態度の悪い女郎を内証に呼びつけ、楼主の女房がきつく折檻している様子を描いたもの。真綿で首を絞めるように折檻するという見立てである（山東京伝作・鳥居清長画『狂傳和尚廓中法語／九界十年色地獄』東京都立中央図書館蔵）。

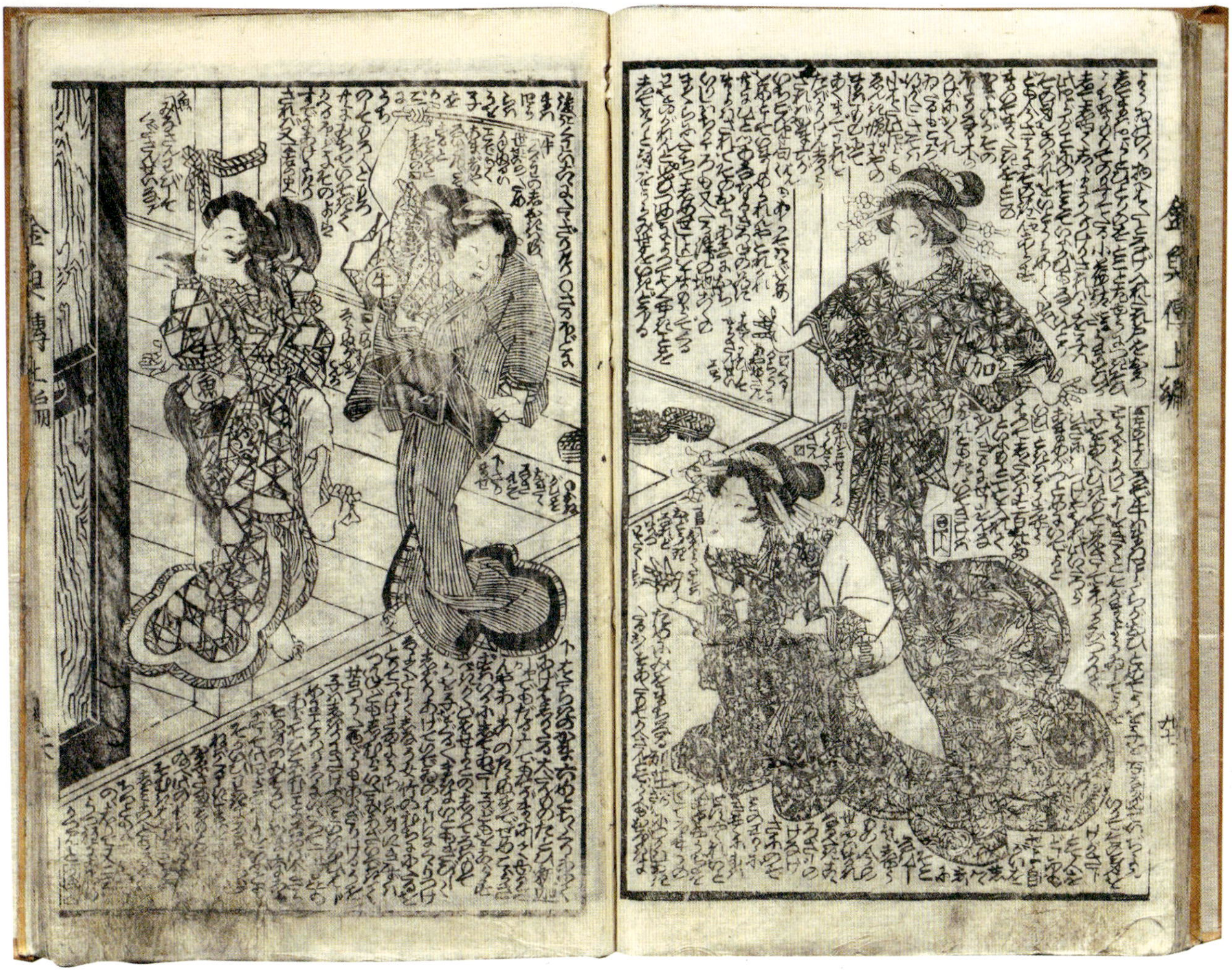

柱に縛り付けられた遊女が、楼主の女房に竹の鞭で折檻を受けている。他の遊女の見せしめとしている様子が描かれている（曲亭馬琴作・歌川国安画『風俗金魚伝』国立国会図書館蔵）。

給べさせ候らえども、悪敷匂いいたし、中々給べ難く候」とその待遇の劣悪さを訴えている。また、年季明けが決まっていた遊女が、ほかの遊女の脱走をそそのかしたという偽りの証言により、妓楼の遊女らの前で「強折檻」を受けたという。彼女は年季2年を延長してようやく縄を解かれた。楼主に対する恐怖と不満が遊女たちを駆り立て、妓楼の放火に至ったのである。

　放火に関わった遊女のうち4名は遠島（流罪）、残りの12名は人主・請人に引き渡されたという。人主は梅本屋に売られる前の遊女の所有者、請人（身売りの保証人）は女衒が引き受けることが多く、おそらく再び身売りされたものと思われる。

　当時、放火は重罪で犯人は火罪（火炙り）に処されるのが常であった。しかし、遊女の場合には減刑され、遠島となっている。奉行所のほうでも、苦界の辛さに耐えかねた遊女の犯行であることから情状酌量したのであろう。

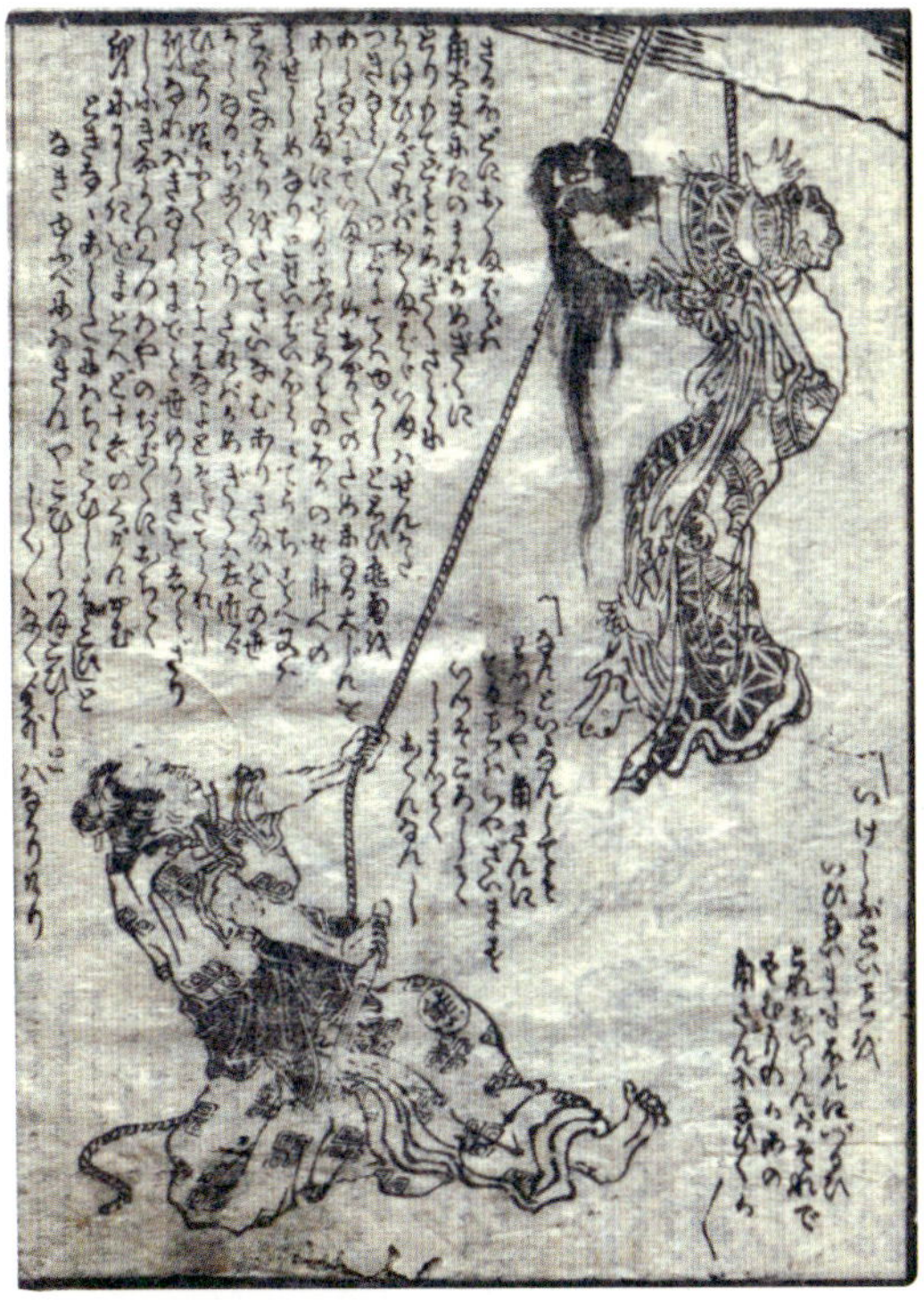

遊女への折檻は苛烈を極めた。時に裸にして縄で縛り吊るし上げて、水を浴びせかけた。水を吸った縄は縮み、きつく遊女の身体を縛り苦しめたという（東西庵南北作・勝川春扇画『江戸染杜若紋』国立国会図書館蔵）。

遊女の終わり方、その光と闇

吉原の遊女が「苦界」から解放されるのは、年季明けまで勤め上げるか、身請けされるか、そのいずれかでなければ、待ち受けているのは無惨な死であった。

年季明けか身請けか 遊女の終わらせ方

遊女が吉原を出て自由に暮らすためには、年季明けまで勤め上げるほかに、身請けという手段があった。馴染みの客が大金をはたいて、遊女を妓楼から身請けするのである。しかし、その僥倖を得るのは、才色兼備で、かつ幸運にめぐまれた、ごく限られた遊女だけであった。

32ページに遊女の身売り代に並べて、遊女の身請け代の例を掲載してある。元禄13（1700）年、松葉屋の遊女・薄雲はある町人に350両で身請けされたという。現代価格で3500万円である。また、安永4（1775）年に、松葉屋の遊女・瀬川を高利貸・鳥山検校が1400両で身請けしたという例もある。現代価格で1億4000万円にも及んだ。

客が遊女の年季証文を買い取り、遊女の身柄をもらい受けるのだが、年季証文にある身売り代が比較的安価なのに対して、身請け代は恐ろしく高額である。妓楼からすれば、一人前の遊女に育て上げるのにはそれなりの金がかかったという理屈なのだろう。しかし、抱えの遊女が身請けされれば、妓楼も大儲けだった。

1400両は極端な例としても、身請けには莫大な金がかかった。妓楼に支払う身代金以外にも、朋輩や妹分の遊女、妓楼の奉公人、引手茶屋から幇間、芸者に挨拶し、金品を贈る習わしもあったのである。盛大な送別の宴会も客が負担した。

東都吉原全盛桜図
歌川国安画　台東区立図書館デジタルアーカイブ

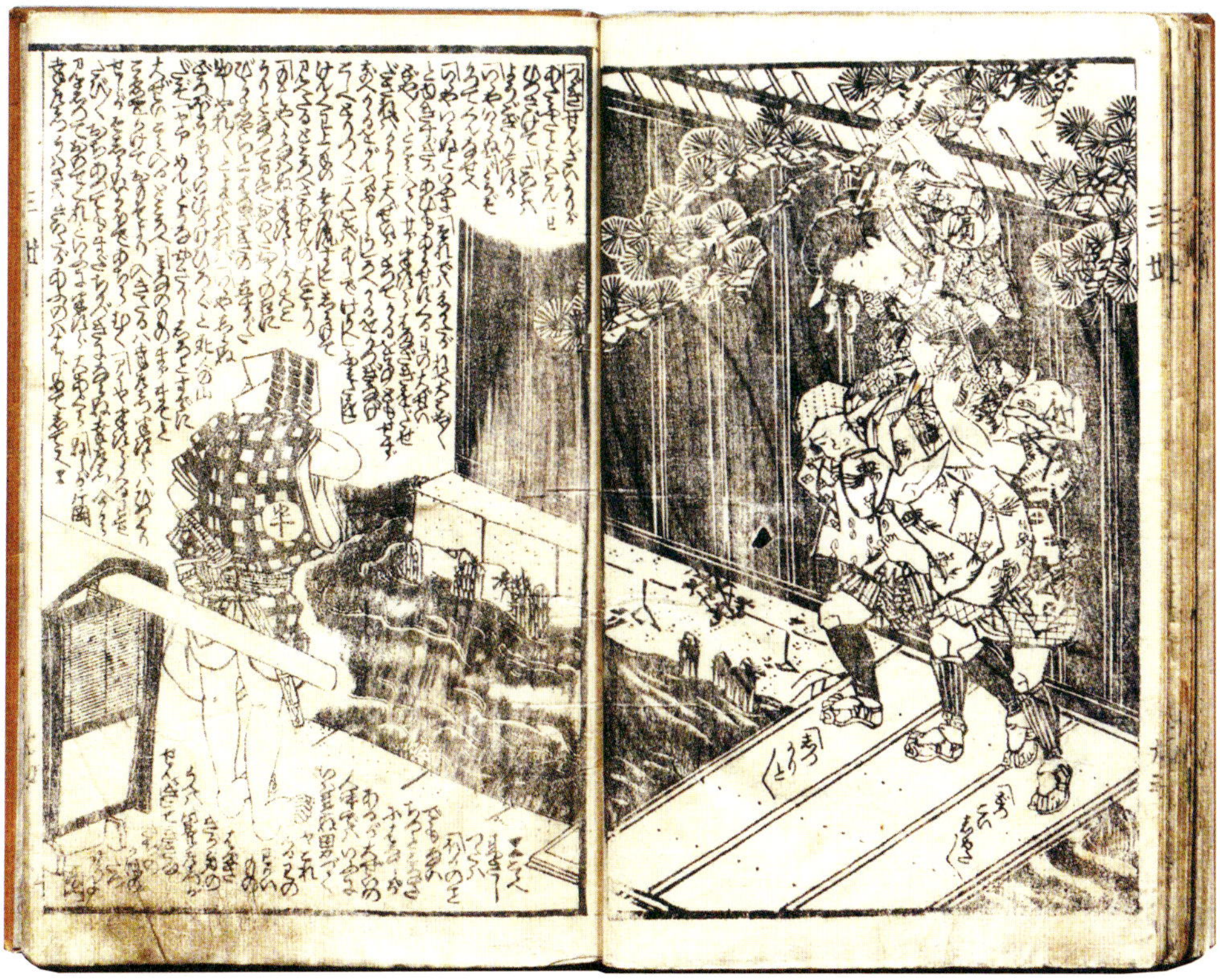

妓楼の虐待に耐えかね、もしくは情男との新生活を夢見て、吉原からの逃亡を試みる遊女もいた。本図は忍び返しが植えられた黒板塀を越え、お歯黒どぶを渡る遊女の逃亡が描かれている（林屋正蔵作・歌川国貞画『帯屋於蝶三世談』国立国会図書館蔵）。

かつて投込寺と呼ばれ、亡くなった遊女の遺体が多く持ち込まれた浄閑寺。現在の墓地にある「新吉原総霊塔」は、安政2（1855）年の地震で亡くなった吉原の遊女を慰霊する目的で建立されたもの。「生まれては苦界死しては浄閑寺」という句が刻まれている。

心中か逃亡か「死しては浄閑寺」

年季明けか、身請けか。先述したように、その年季を全うする前に、多くの遊女が性病や感染症などの病気で命を落とした。

吉原で亡くなった遊女は悲惨である。遺体は菰《まこも》に包まれて、三ノ輪の浄土宗浄閑寺に運ばれ、墓地の穴にそのまま投げ込まれた。それゆえ、浄閑寺は「投込寺」とも呼ばれた。

現在の墓地には新吉原総霊塔がある。これは安政2（1855）年の大地震で亡くなった吉原の遊女を慰霊するために建立された。そこには花又花酔による「生《うま》れては苦界死しては浄閑寺」という句が刻まれている。吉原の遊女の悲しい境遇が端的に表現されていよう。

そのほか、遊女が客と一緒に心中するケースもあった。当時の江戸幕府は男女の心中を厳しく取り締まり、重い処罰を科していた。男女とも亡くなった場合には死骸取り捨てとし、葬式も禁止した。片方が生存した場合には生存者は下手人となり、斬首となった。それでもなお、男女の心中は止まず、吉原では深夜、寝床のなかで男女が剃刀で首筋を切ったという。

心中は商品の遊女を失い、評判も落ちるということで、妓楼の経営にとっても大打撃であった。

また、時に妓楼の虐待に耐えかね、あるいは吉原内では叶わぬ男との生活を夢見て、逃亡を図る遊女もあった。周囲を高い塀とお歯黒どぶに囲まれた吉原は、まず遊女単独では、脱出困難である。たいていは男が手引きした。塀を乗り越えるか、男装して大門を抜け出すか、さまざまな手で逃亡が試みられたが、成功例はほとんどなかった。多くの場合、追手によって連れ戻されたという。

第3章

遊女たちの生活

遊女の1日の暮らし

昼見世（昼の営業）と夜見世（夜の営業）があり、「不夜城」であった吉原の妓楼の営業では、遊女は1日に複数人の客を相手にしなければならない、過酷なものであった。

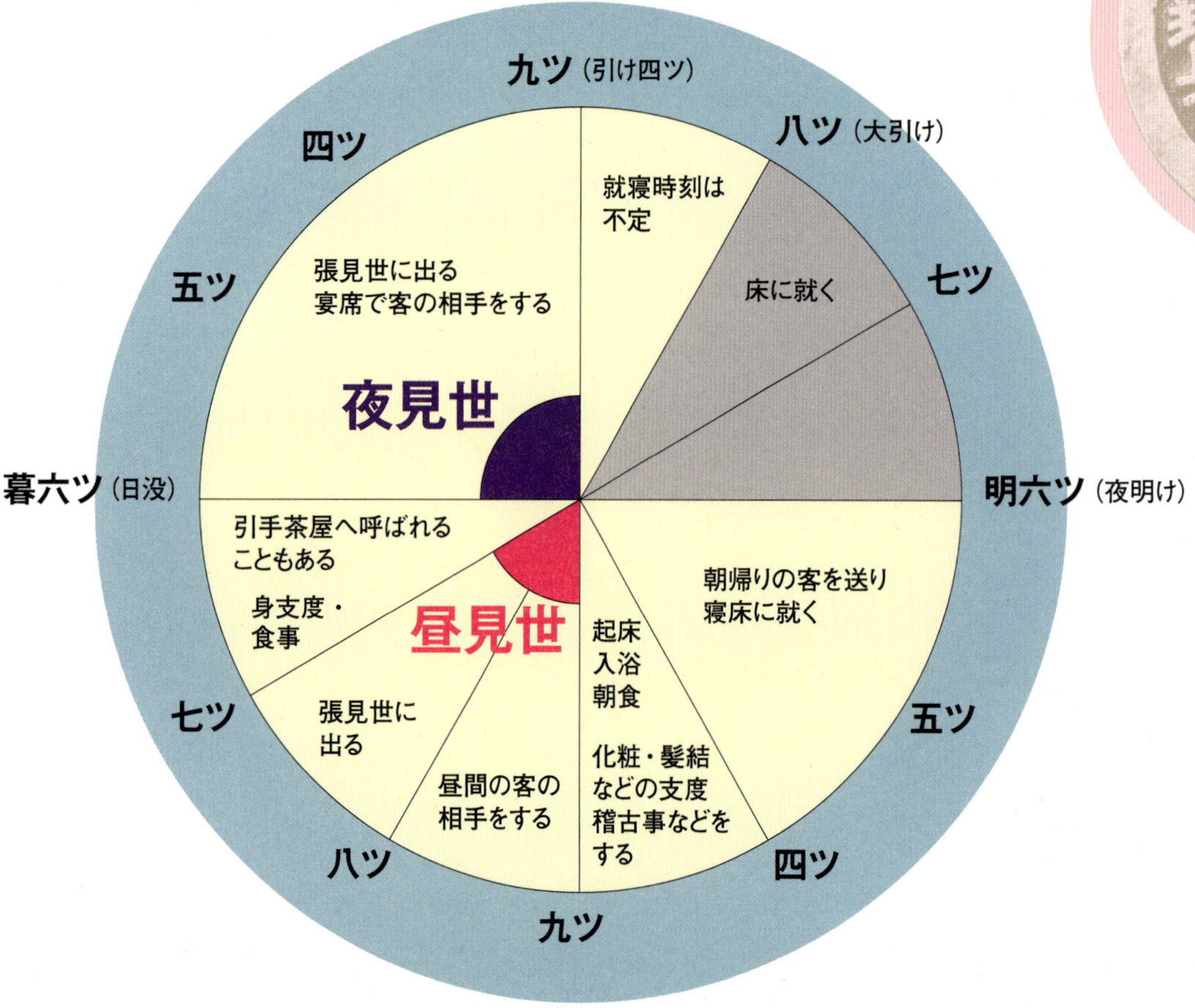

遊女の24時間

吉原遊廓（新吉原）の営業時間は昼夜二部制で、昼見世は九ツ（正午）から七ツ（午後4時頃）、夜見世は暮六ツ（日没後）から夜明け前頃まで。時には客はそのまま居続けることもあった。

昼夜複数の客を取る遊女の1日

吉原の営業は「昼見世」と「夜見世」の、昼夜二部制となっている。昼見世は正午（九ツ）から午後4時頃（七ツ）まで、夜見世は午後6時頃（暮六ツ）から深夜まで営業した。

妓楼の朝は、まず夜が明ける前に帰る前夜の客を仲之町の引手茶屋、あるいは大門口まで見送ることから始まる。これを「後朝《きぬぎぬ》の別れ」と言う。その後、遊女は妓楼の2階で二度寝するが、階下では奉公人たちが起き出し、働き始める。二度目の床から起き出すのは、午前10時頃（四ツ）だ。入浴や朝食を済ませて、化粧や髪結など身支度を済ませる。昼見世が始まるまでは基本的に自由時間だが、山東京伝『青楼昼之世界錦之裏』で描かれるように、小間物屋や呉服屋などが妓楼に営業に来るのも主にこの時間である。

昼見世の間、遊女は張見世に出て客を取る。客がついたら2階の座敷で相手をする。午後4時（七ツ）に昼見世が終わると、遅い昼食を取る。

午後6時頃（暮六ツ）から夜見世が始まる。客がつくと、2階の座敷で酒宴が始まる。午前0時頃（引け四ツ）、妓楼の表戸は閉められ、新規の客は入れないが、登楼している客は、夜通し遊び続ける。

午前2時頃（八ツ）に大引けの拍子木が鳴らされ、遊女は退出して、寝床の用意を整え、客とともに寝床につく。客は夜明け前に帰るか、そのまま居続けとなり翌日も一緒に過ごすこともある。

図は永井義男『図説吉原事典』（朝日新聞出版）を参考の上作成。

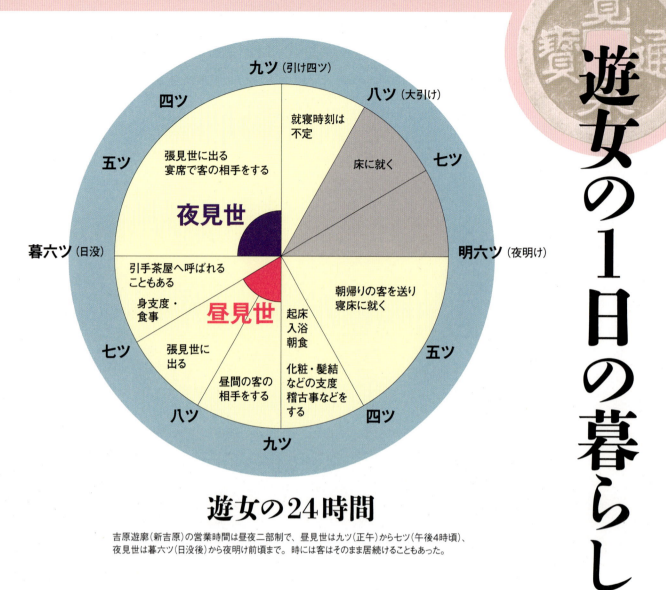

青楼十二時 続

喜多川歌麿画 東京国立博物館蔵・個人蔵

吉原の遊女の１日の生活を12の刻限に分割し、２時間ごとの推移を描いた作品。画面中に時刻を示す和時計を配し、分銅のあいだに揃い物名が記されている。同作は、妓楼の日常風景を描いた山東京伝の洒落本『青楼昼之世界錦之裏』で、本文中に時刻を記した和時計を配し、物語を進める趣向から着想を得たものと美術史研究者・大久保純一氏は指摘している。

卯の刻

明六ツ（午前6時頃）の鐘が響く頃、まだ辺りが暗いうちから、一夜を共にした客が帰り支度をするのを手伝う遊女。帰りしなに遊女が客の羽織を着せかけているが、その羽織には絵師・鈴木鄰松の落款のある達磨絵が描かれている。見えないところに贅を尽くす通人の趣味がうかがえる。

辰の刻

五ツ(午前8時頃)には、見世の使用人たちが起き出し、一斉に掃除を始める。客を取らない振袖新造や禿は大部屋で雑魚寝をしていた。本図は2人の新造が布団から起き出す場面である。夜着を引き寄せまだ寝ていたそうな表情の新造、横になったまま簪(かんざし)で髷の根元を掻いている新造が描かれている。

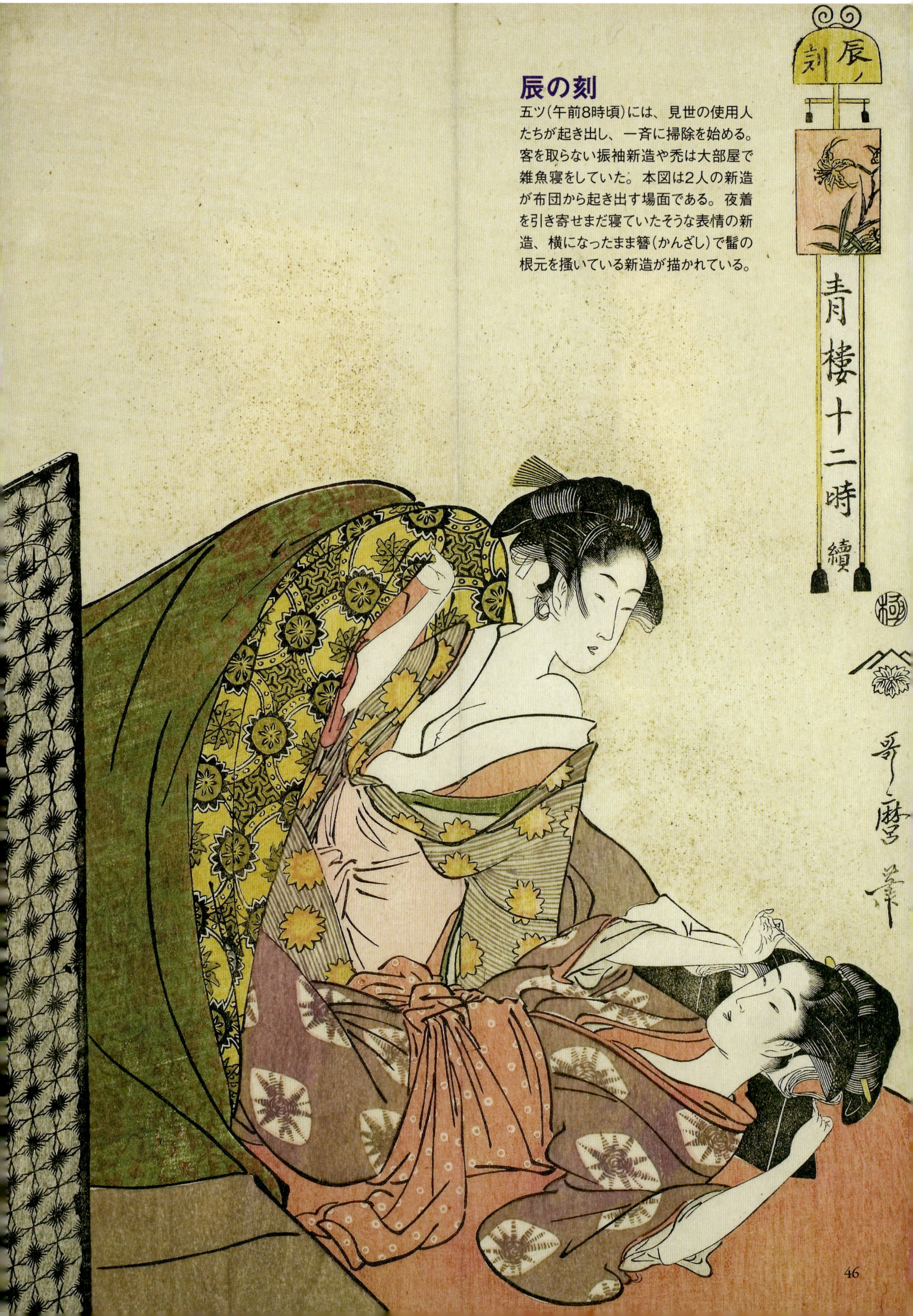

巳の刻

四ツ(午前10時頃)頃になると、客を見送り二度寝していた遊女たちが起き出してくる。起床後は妓楼に備えつけられている風呂に入るのが日課である。時に吉原内の湯屋に行くこともあった。ここでは風呂上がりの花魁に、新造が湯茶を差し出している。

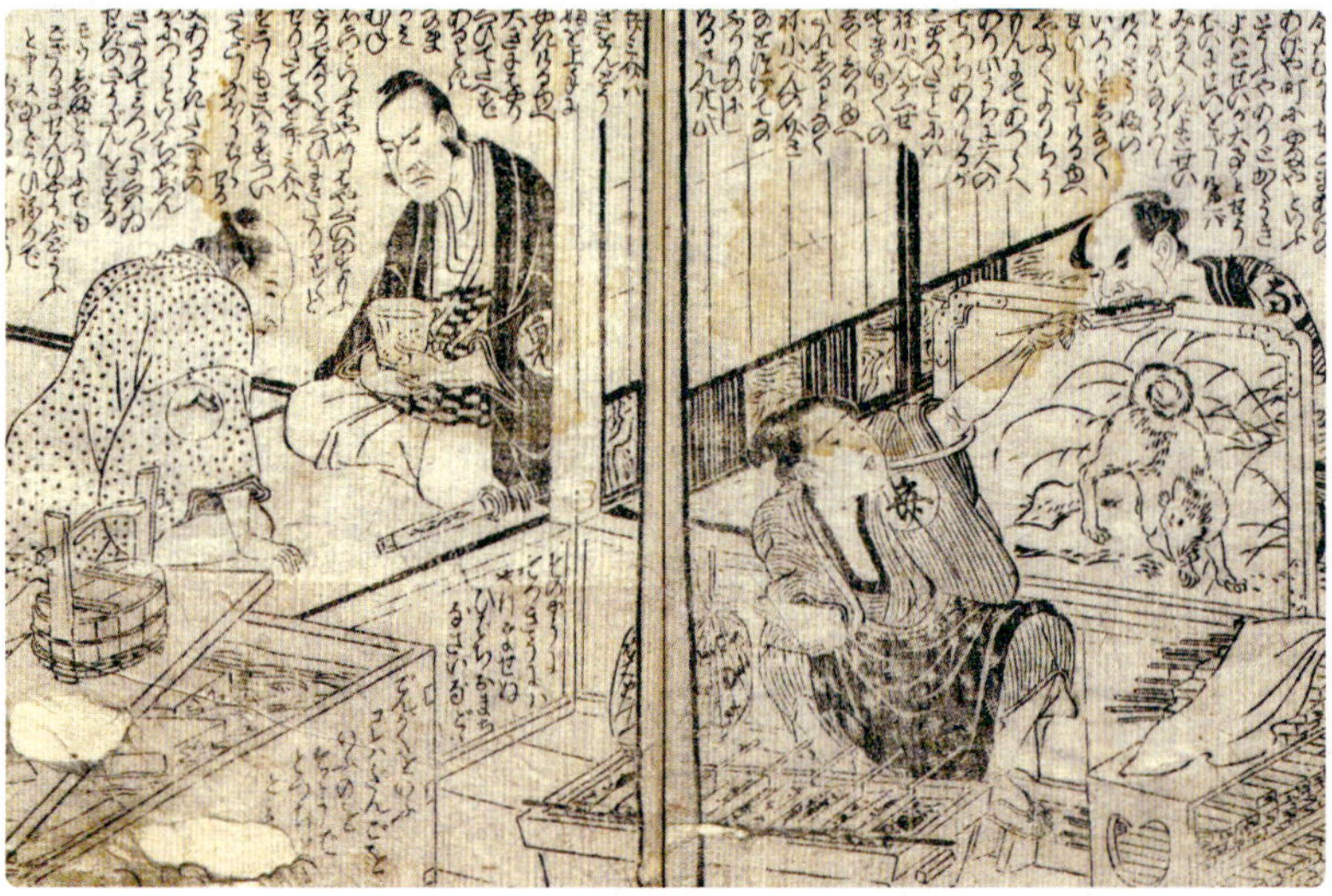

吉原内の揚屋町にあった山屋市右衛門の山屋豆腐の店先。豆腐と小僧が焼く田楽を売っていた。日本橋・十軒店にあった山屋半三郎の支店であったとされる（恋川好町作・歌川豊国画『楊屋町伊達豆腐屋』国立国会図書館蔵）。

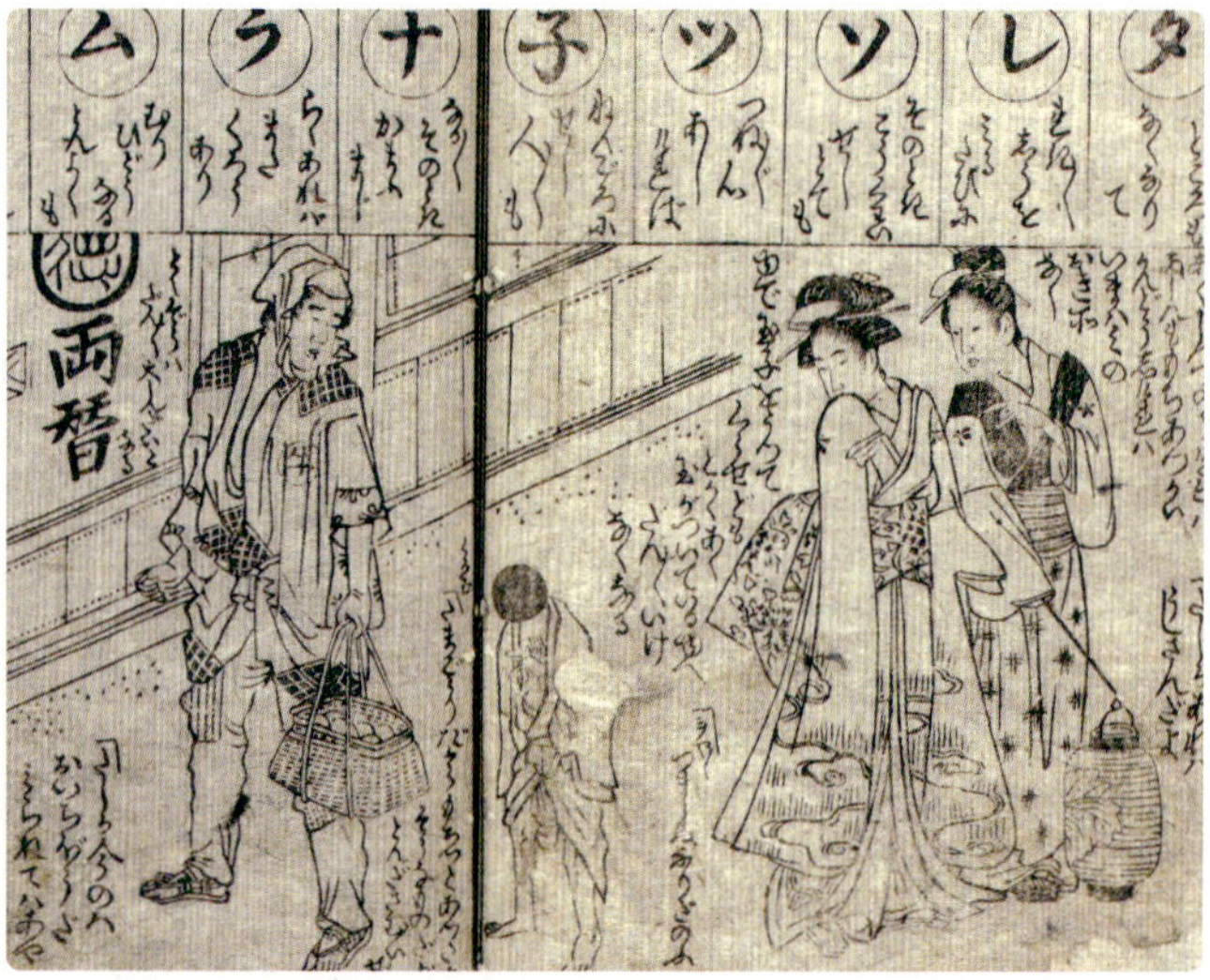

吉原では卵売りが通りを売って歩いた。わずかな時間でサッと食べられ、滋養のあるゆで卵は、吉原の遊女たちに人気の食べ物だった（栄邑亭作・子興画『以呂波短歌』国立国会図書館蔵）。

田楽の価格

1串	2文
現代価格	約30円

卵の価格

生卵1個	7文～20文
現代価格	約110円～約310円

ゆで卵1個	20文
現代価格	約310円

遊女に人気の夜食はゆで卵だった!?

先述したように遊女の慌ただしい1日の暮らしのなかで、食事はかなり質素なものだった。時に宴席に出た料理や台の物の残り物にありつくこともあった。

馴染みの客に台の物をとってもらうこともあれば、自分でとることもあった。

『青楼昼之世界錦之裏』には、花魁の部屋に妹分の振袖新造らが集まり、朝食をとる場面が描かれる。妓楼の朝食のおかずが芋に油揚だけと知ると、口々に不平を言い、台屋におかずの出前を頼むのである。戯作『遊子娯言』によれば、台屋に頼む朝食の品目が記載されている。それによると、「茄菜に油揚、まぐろ、さんま、香香、海苔、鱈、煎り豆腐」である。

こうした出前が頼めるのも全盛の花魁とその妹分の振袖新造だけであった。

夜見世が始まると、遊女は悠長に夕食を取る暇がない。合間を見て、階下で簡単な夜食を取るだけだ。妓楼にはゆで卵を売る行商人がしばしばやってきて、遊女は好んでこれを買い、夜食や合間の間食とした。栄養価が高く、殻を向くだけで手軽に食べられることから、妓楼の遊女に人気の食べ物だった。

吉原は深夜になっても食べ物の行商人が多く、通りを行き交っていた。

このほか、吉原内には鮨の行商や蕎麦屋、うどん屋などがあった。揚屋町には山屋豆腐があり、豆腐や田楽を売って評判だったという。ここでは江戸で人気の食べ物を含めた、一般的な庶民の料理の値段を挙げておく。

こうした食事も、結局、金のある遊女しか注文することはできず、金のない振袖新造や禿は宴席でとった台の物などの残り物をあさるほかなかった。

風俗三十二相　むまそう　女郎之風俗
月岡芳年画　国立国会図書館蔵
本作は、海老の天ぷらをうまそうに食べている嘉永年間頃の遊女を描いたもの。『守貞謾稿』によれば、江戸時代には魚介類を材料とするものを「てんぷら」、野菜類を材料とするものは「あげたもの」と称されていたという。

今様美人揃　松の鮨楼　うめ吉
歌川国貞画　東京都立図書館蔵
卵売りのほかに鮨の担い売りが売って歩き、遊女らも好んで食べたという。大門の外では「すし」と呼ばれるが、吉原内では「すう」と廓言葉で呼ぶ風習もあった。女芸者を描いた本図では、画面左に玉子巻きや鮨（なれ鮨、もしくは押し鮨と思われる）が描かれている。

吉原内には、うどん屋や蕎麦屋、鰻屋などが店を構えていた。特に大門の外の五十間道にある増田半次郎の釣瓶蕎麦（増田屋）が有名。ここでは蕎麦、うどん、鮨、天ぷらなど代表的な江戸の定番メニューの値段を参考までに挙げておく。

天ぷらの価格

1串	4文～6文
現代価格	約60円～約90円

玉子巻きの価格

1つ	16文
現代価格	約250円

うどんの値段

1杯	16文
現代価格	約250円

蕎麦の価格

1杯	16文
現代価格	約250円

鮨の価格

にぎり1貫	8文
現代価格	約120円

午の刻

九ツ(正午頃)には、昼見世のための身支度で妓楼は忙しくなる。新造が花魁の髪を梳いていたところに、馴染み客からの文が届いたのか、花魁は煙管に煙草を詰めながら、差し出された文を読む。その隙に、禿が花魁の鏡を拝借し自分の髷を整えている。遊女の髪を結うのは主に女髪結の仕事だが、禿は男髪結が結っていた。

未の刻

ハツ(午後2時頃)、昼見世の営業中である。昼三以下の遊女は張見世に出るが、昼間は客の往来が少ないため、暇を持て余すこともしばしばであった。本図は、占い師を呼び止めて八卦見をしてもらっているところと解釈される。画面左の風呂敷の上には、筮竹(ぜいちく。易の占いに用いる細い棒)と冊子が置かれ、白い包みは謝礼を包んだおひねりのようだ。

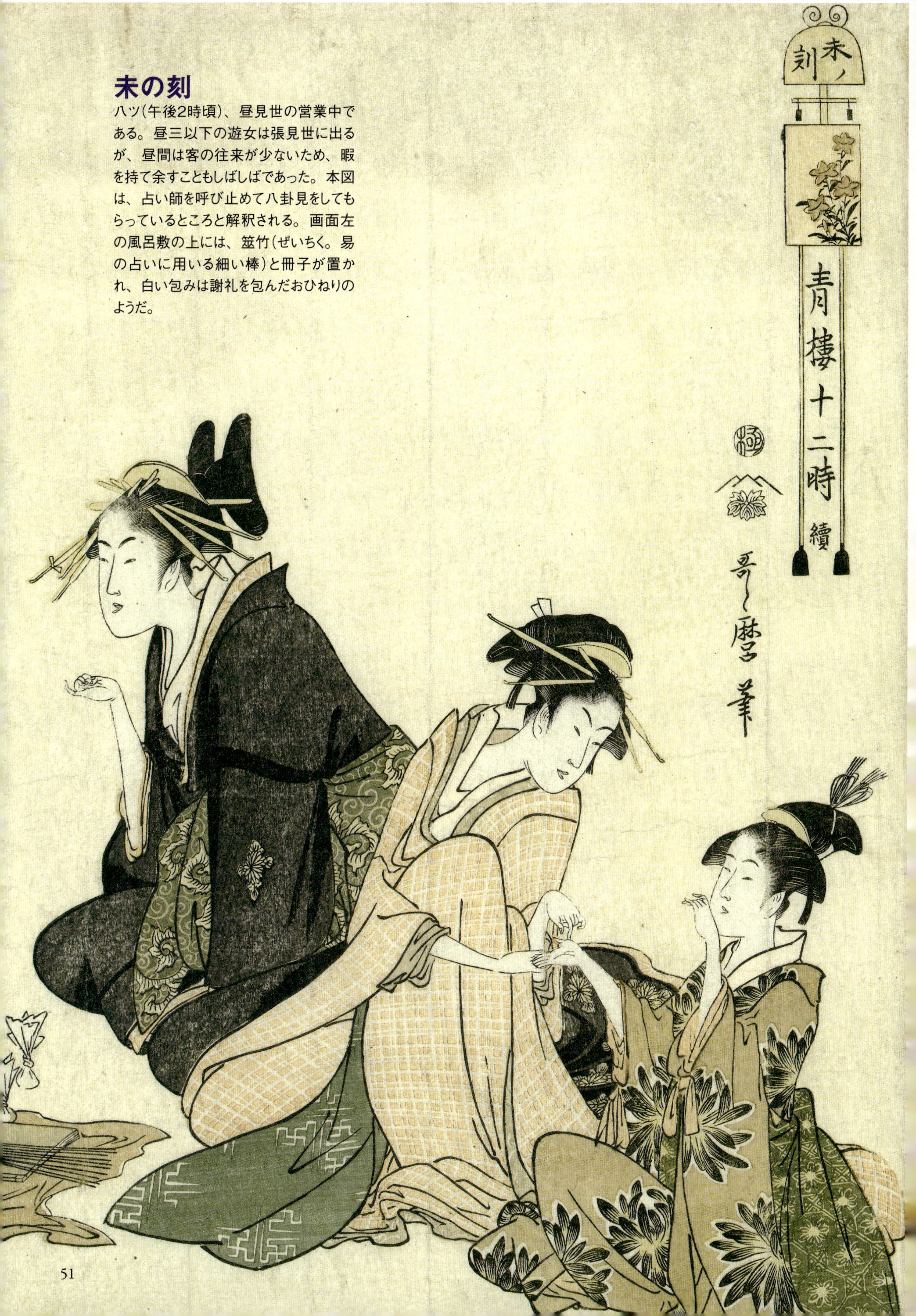

申の刻

七ツ(午後四時頃)、昼見世を終え、質素な食事を済ませ、身支度を整えて夜見世の準備が始まる。日が暮れて「たそや行灯」に灯がともる頃には、花魁道中が行われる。本図は、髷を横兵庫に結い上げた花魁が、禿らを引き連れて、仲之町の引手茶屋に出かける場面を描いたもの。

酉の刻

暮六ツ(午後6時頃)、若い者の鈴の音を合図に、振袖新造や内芸者による清掻(すががき。箏や三味線による演奏)が行われ、夜見世が始まる。夜見世の最中は交代で演奏が続けられた。本図は、茶屋の使いの案内で花魁が出かけるところ、あるいは引手茶屋に到着したところと思われる。茶屋の使いが持つ箱提灯には、扇屋の紋が描かれている。

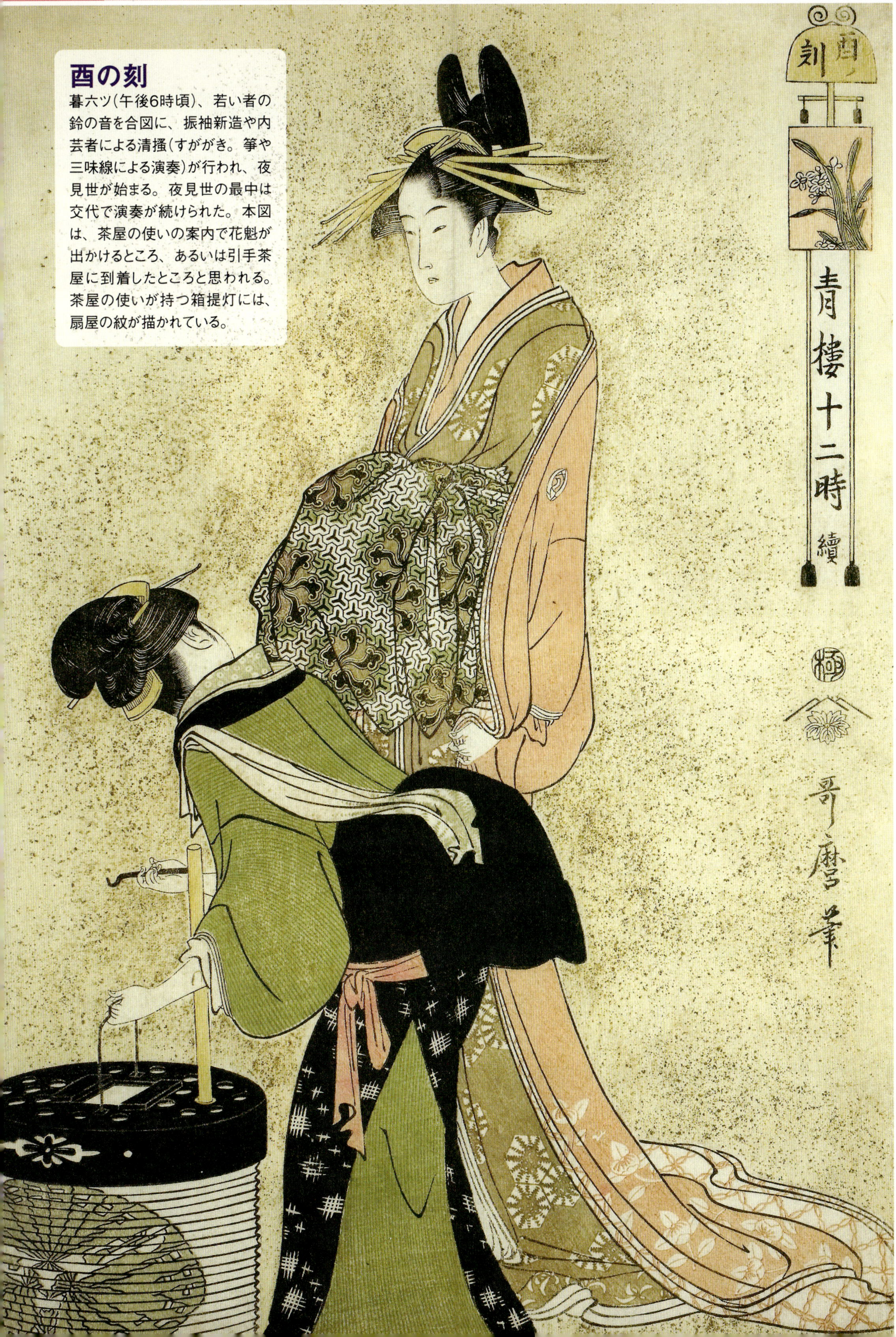

朱羅宇の長煙管で煙草を吸う遊女と客。妓楼の2階にある遊女の部屋で、夜具は3枚重ねの敷布団であるから、最高位の遊女であることがわかる。寝具は非常に高価なため、馴染みの客からプレゼントされた際には、積夜具として店先に飾り、お披露目されたという（鈴木春信画「三つ布団の上の遊女と客（煙草）」ボストン美術館蔵）。

高級遊女の寝具は500万~1000万円!?

妓楼で使われる夜具（寝具）は豪華なものが多く、これを用意するのも大きな費用がかかった。特に上級遊女は敷布団を3つ重ねた三つ布団である。「三つ布団で寝た」とは花魁と床入りしたことを意味する隠語であった。布団の数は遊女の階級によって変わり、下級遊女は二つ布団、河岸見世などの最下級の遊女は1枚であった。

とりわけ、上級遊女の夜具は、江戸屈指の呉服屋である越後屋や大丸などであつらえるのが通例であった。『世事見聞録』によれば、夜具をあつらえるのに「50~100両の入用」だったという。現代価格で500万~1000万円もかかった。

夜具は遊女の負担となるが、自分で出せるわけもなく、自然と馴染みの客にねだることになった。

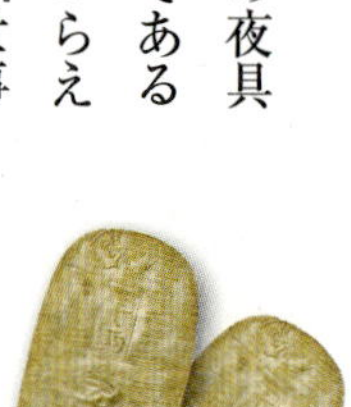

妓楼における夜具の価格

	50両～100両
現代価格	500万円～1000万円

青楼絵抄年中行事　夜具舗初々図
十返舎一九作・喜多川歌麿画　国立国会図書館蔵

戌の刻

五ツ（午後8時頃）、客たちが妓楼の2階で酒宴を張る、賑やかな時間帯である。張見世で客を待つ花魁が、文をしたためるのをやめて、禿に耳打ちをしている。文は馴染み客に宛てたものだろうか。しばしば遊女は文を巧みに用いて、客の来訪を促した。

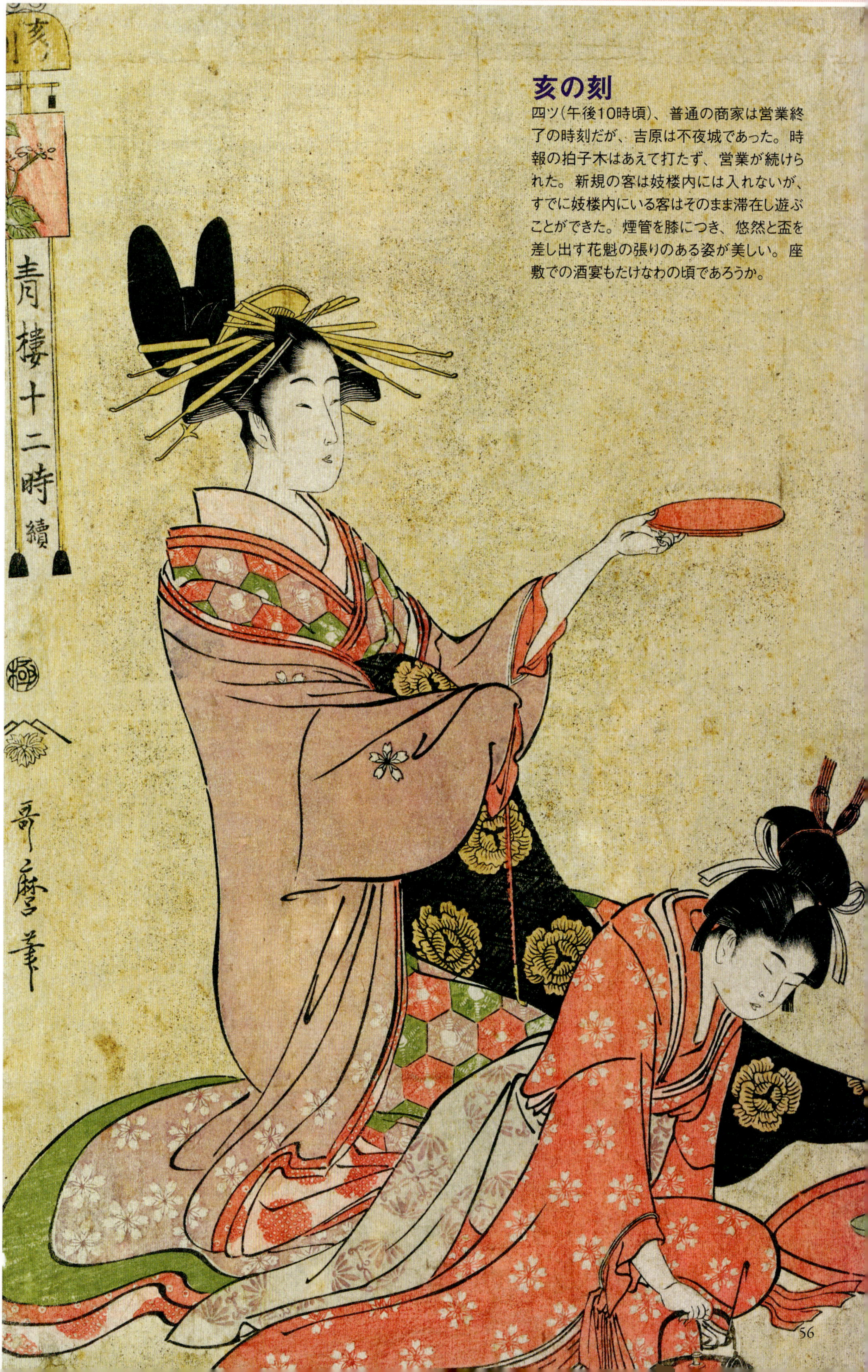

亥の刻

四ツ(午後10時頃)、普通の商家は営業終了の時刻だが、吉原は不夜城であった。時報の拍子木はあえて打たず、営業が続けられた。新規の客は妓楼内には入れないが、すでに妓楼内にいる客はそのまま滞在し遊ぶことができた。煙管を膝につき、悠然と盃を差し出す花魁の張りのある姿が美しい。座敷での酒宴もたけなわの頃であろうか。

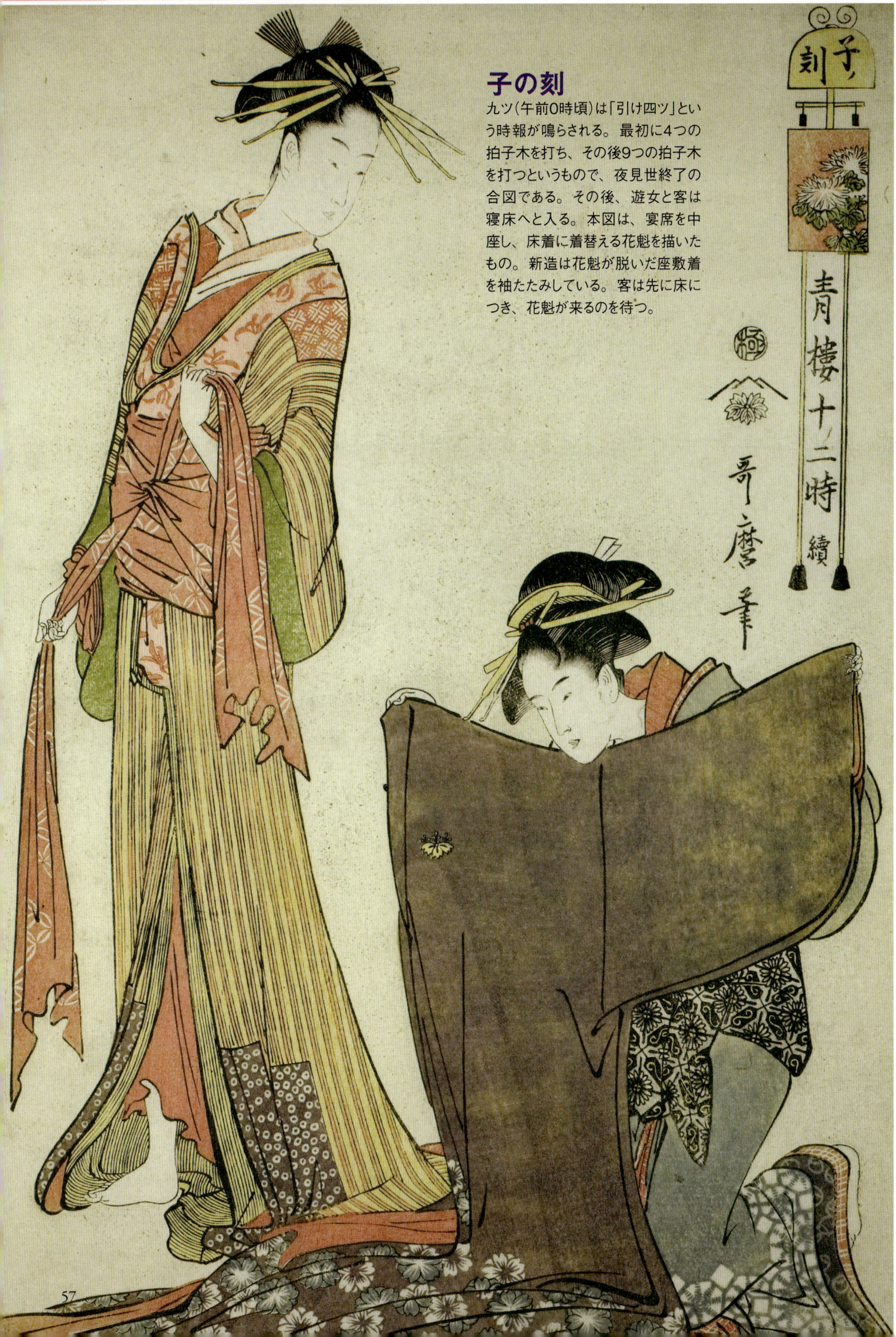

子の刻

九ツ(午前0時頃)は「引け四ツ」という時報が鳴らされる。最初に4つの拍子木を打ち、その後9つの拍子木を打つというもので、夜見世終了の合図である。その後、遊女と客は寝床へと入る。本図は、宴席を中座し、床着に着替える花魁を描いたもの。新造は花魁が脱いだ座敷着を袖たたみしている。客は先に床につき、花魁が来るのを待つ。

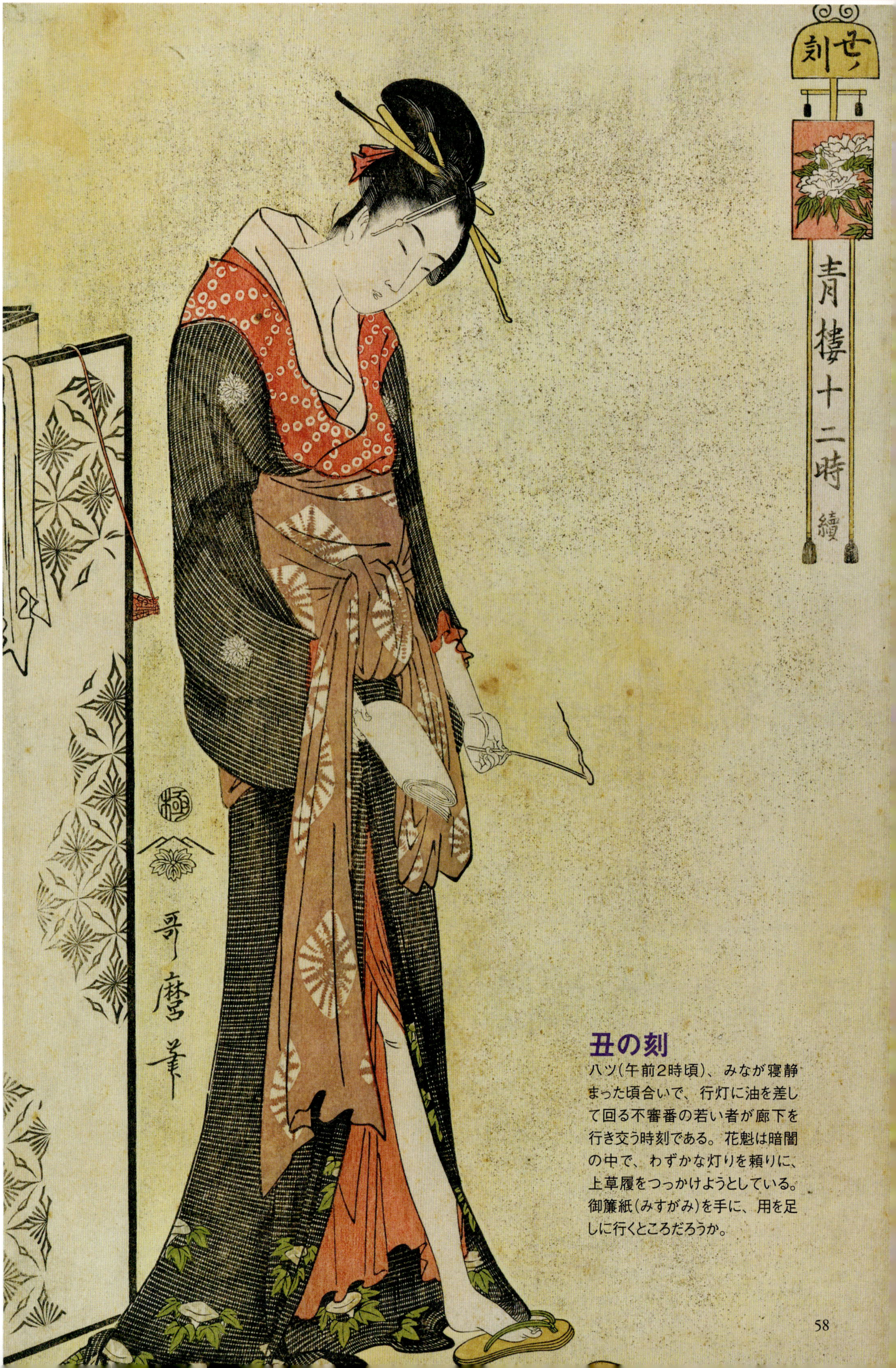

丑の刻

ハツ(午前2時頃)、みなが寝静まった頃合いで、行灯に油を差して回る不審番の若い者が廊下を行き交う時刻である。花魁は暗闇の中で、わずかな灯りを頼りに、上草履をつっかけようとしている。御簾紙(みすがみ)を手に、用を足しに行くところだろうか。

寅の刻

七ツ(午前4時頃)、浅草寺の明けの鐘が聞こえる頃合い、引手茶屋の使いが客を迎えにくる。本図では火鉢にあたりながら談笑する花魁たちが描かれている。画面右の遊女は御簾紙で炭をあおぎ、火鉢にかけた小鍋を温めており、酒宴の残り物で夜食を作っているのだろうか。遊女の食事は貧しいもので、時に酒宴の残り物で腹を満たすこともあった。

遊女のファッションとモード

吉原遊廓を別世のものとして演出する遊女たちの華美なファッション。浮世絵を通じて、市井の人々を魅了し、江戸の流行となることもしばしばであった。

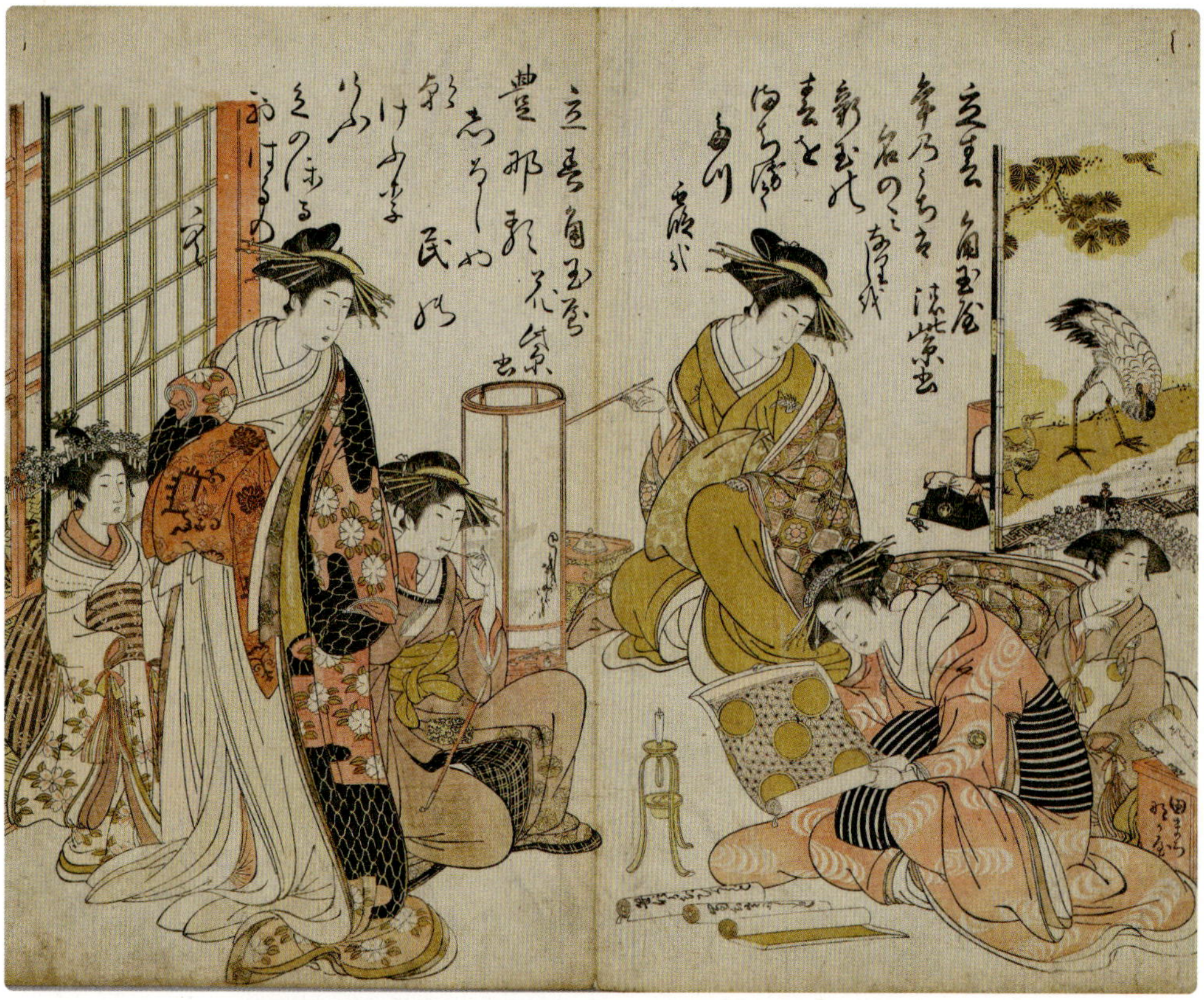

吉原傾城新美人合自筆鏡　北尾政演画　東京国立博物館蔵
出典：ColBase（https://colbase.nich.go.jp/）
江戸町二丁目の玉屋山三郎抱えの遊女・濃紫と花紫の、立春をテーマにした揮毫が見える作品。田町なか屋から届いたばかりの反物を品定めしている場面が描かれている。

遊女の着物を仕立てたお針の月収は50万円!?

吉原の遊女の髪型や着物は、浮世絵を通じて江戸市中にも広がり、流行のファッションの発信源ともなった。遊女の衣装にも当然、時代ごとのモードがある。元禄期には、優雅さと大胆さを兼ね備えた、吉原特有の装いが生まれた。宝永頃より、幅広で丈の長い帯を胸前で結ぶようになったという。延享・寛延頃の太夫は、紗綾・縮緬・羽二重の小袖を着て、仲之町を道中した。着物は毎日取り替えたというが、太夫が廃止された宝暦以降は、毎日同じものを着た。戯作『損者三友』では、夏日の遊女一行の衣装を記載している。花魁は白練の下着を二つ重ねにし、緋縮緬の上着を着、萌黄地に金蘭の帯を締めた。ここでは一般普段着に使われた木綿と、高級の紺絣縮布の金額を比較対象として参考に挙げておく。

当時の衣装は呉服屋で反物を求め、お針（裁縫女）が仕立てる。お針は妓楼に住み込みの場合と通いの場合があった。通いのお針は吉原の裏長屋に住み、複数の妓楼で仕事をする、いわば自営業であった。住み込みのお針は衣食住が保障されており、給与自体は年に4、5両であったが、着物を仕立てた際に花魁からもらう祝儀はかなりの額だった。他方、通いのお針の収入は腕次第で、多い者で月収4、5両になることもあったという。夜具と同様、衣装代は高額となるため、花魁は馴染みの客に支払ってもらった。

主な衣料品（反物）の値段

河内木綿（享和2年）一反	銀6.1匁
現代価格	約1万円
越後紺絣縮布（天保・嘉永年間）一反	1両2分～2両
現代価格	15万円～20万円

和歌の女師匠の来訪時を描いたものであるが、画面左にお針（針妙・裁縫女）が描かれている。吉原のお針は、妓楼に住み込みと通いがあった（『繪本時世粧』(国文学研究資料館所蔵）。
出典：国書データベース、https://doi.org/10.20730/200013133

裁縫女（お針）の収入

月収	4両～5両
現代価格	40万円～50万円

遊女用の草履の価格

上製品	3両
現代価格	30万円
粗製品	1朱～1両
現代価格	6250円～10万円

新吉原江戸町壱丁目和泉屋内　泉州
国立国会図書館蔵

新吉原江戸町壱丁目大黒屋内　鳶の助
国立国会図書館蔵

櫛（くし）
文化年間以降、上級の遊女は大きな櫛を2枚、3枚と挿したが、素人の女性は1枚だった。

髷（まげ）
兵庫髷、島田髷、勝山髷など、髪型はさまざまな流行があったが、その多くは遊女たちから始まったとされる。

笄（こうがい）
結った髷のなかに長い笄を挿す。

簪（かんざし）
上級の遊女ほど数多くの簪を挿した。前後合わせて16本、あるいは略して前挿2本・後挿6本のこともあった。

艶本為久春　月斎峨眉丸画　国際日本文化研究センター蔵

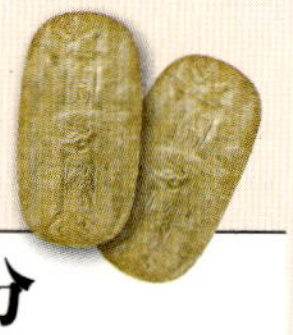

装飾品の値段

本蒔絵鼈甲櫛	銀3匁5分
現代価格	約5830円
鼈甲櫛	銀1匁5分
現代価格	約2500円
極上品の鼈甲櫛	2両～7両
現代価格	20万円～70万円

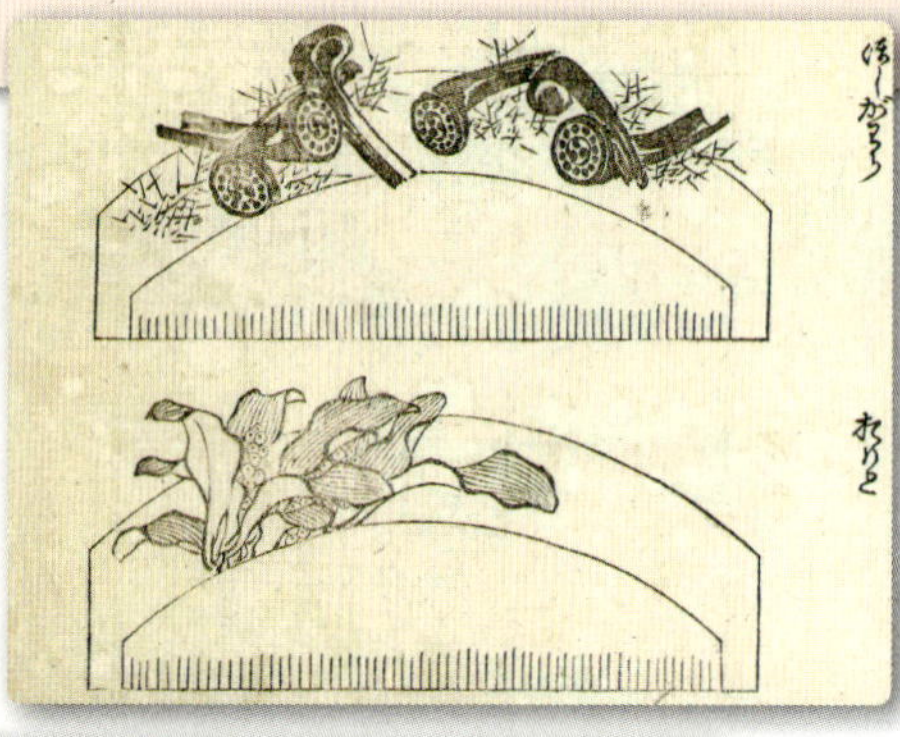

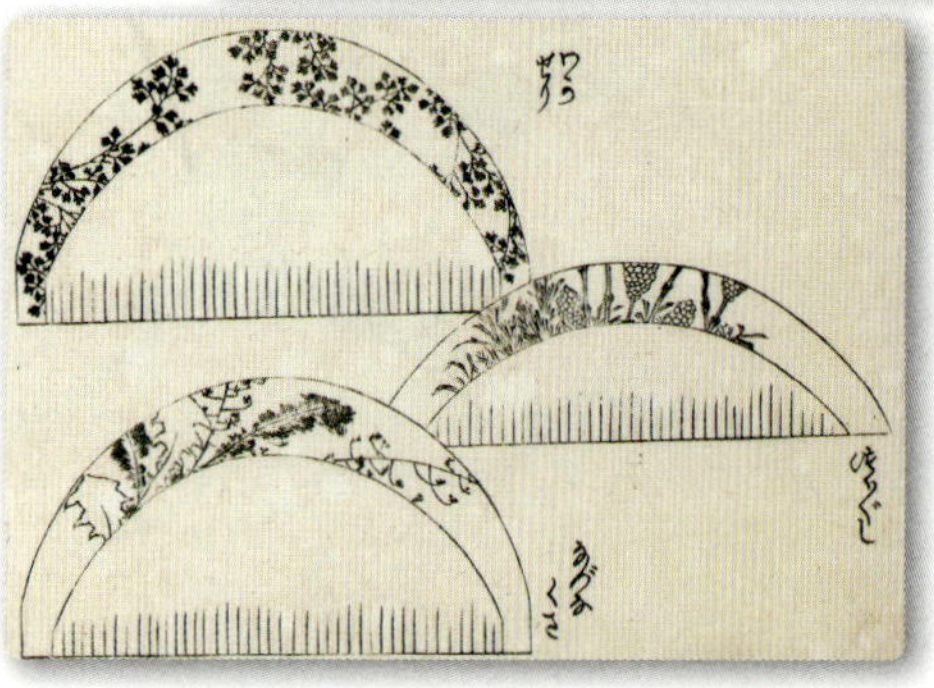

今様櫛きん雛形
葛飾北斎画　国文学研究資料館所蔵
出典：国書データベース、
https://doi.org/10.20730/200018399
葛飾北斎による櫛・煙管のデザイン集。

吉原の遊女の髪を整えた女髪結の収入

日本髪の基本となった4つの髪型「兵庫髷」「島田髷」「勝山髷」「笄髷」は、その多くが遊女の髪型が源流となったとする説が根強い。兵庫髷は摂津国兵庫の遊女の髪型、あるいは柳町の妓楼兵庫屋が由来となったという説がある。

島田髷は若衆歌舞伎の若衆髷を東海道島田宿の遊女が取り入れたことから始まったという説が有力だ。勝山髷は吉原の遊女・勝山が結ったのが始まりだったとされる。また笄髷の発祥は古く、室町時代の宮中の女性たちの髪型が始まりだったという。

吉原では太夫が兵庫髷の一種である立兵庫を結ったという。宝暦以降、太夫がなくなると、島田髷や勝山髷が主流となるが、天明末から立兵庫も復活した。また、遊女は大きな櫛を2枚挿し、簪を前後合わせて16本挿して、さらに長い笄を挿すなど華美に髪を飾った。

遊女の髪を結ったのが、女髪結である。毎日、昼前に妓楼に出向き、遊女の髪を整えた。女髪結の報酬は、1回24文～200文（約370円～3080円）ほどだった。

葉うた虎之巻
豊原国周画　東京都立中央図書館蔵
櫛を口にくわえた女髪結が、遊女の髷を結い上げている場面。

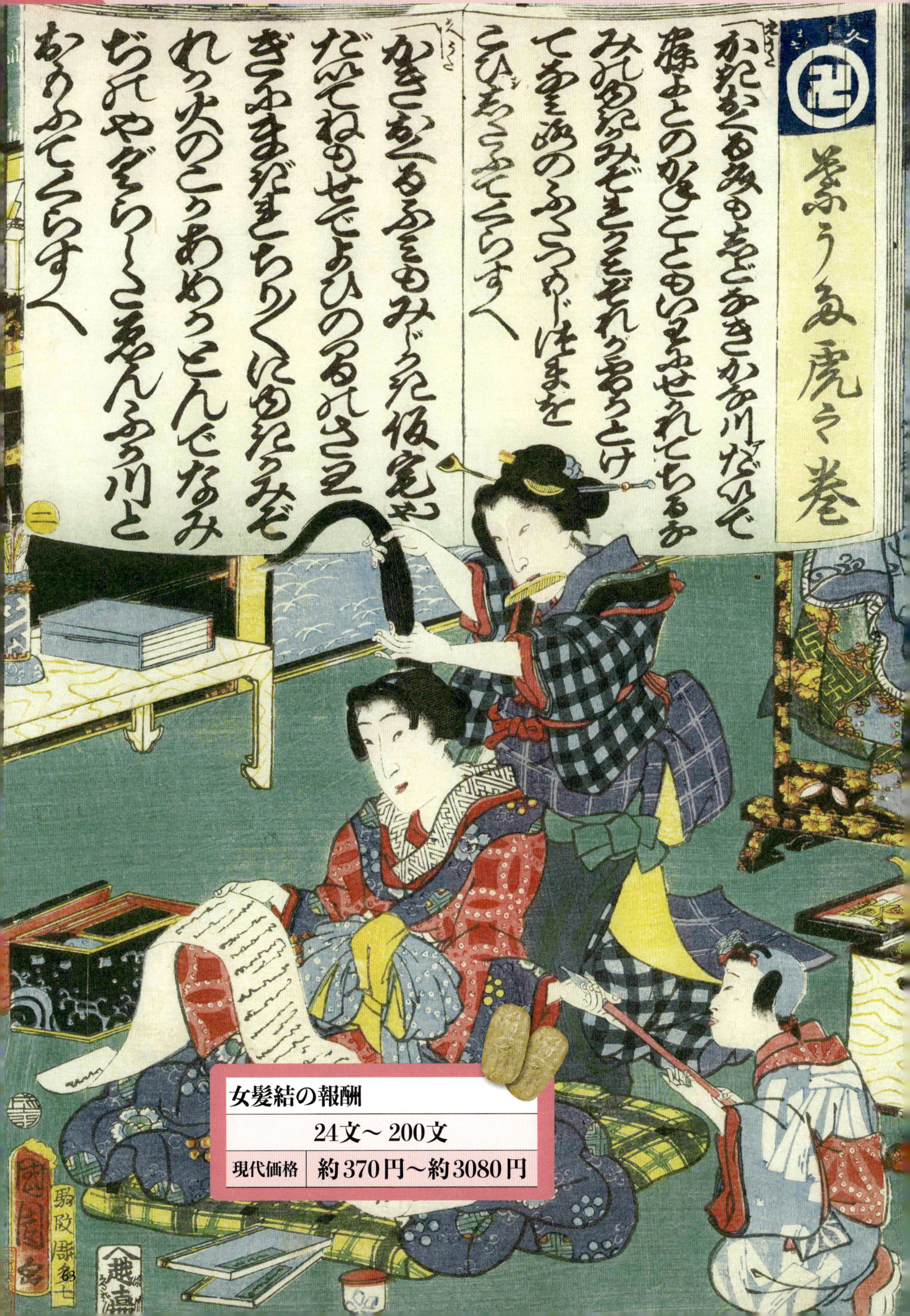

女髪結の報酬	
24文〜200文	
現代価格	約370円〜約3080円

化粧品の値段

仙女香（白粉）1包	48文
現代価格	738円
笹色紅（高級口紅）1回	52文
現代価格	800円

当世見立十六むさし　柳はしおこん紅をさし
歌川国周画　個人蔵
懐中鏡を見ながら紅筆で紅をさす柳橋芸者。
江戸の女性の化粧の基本は薄化粧だったという。

江戸女性の流行・極意は美白と薄化粧だった

一般に江戸の女性の化粧は薄化粧が好まれたという。教訓物『女鏡秘伝書』では、白粉を一度塗ったらよく拭う薄化粧が推奨されていた。

また、江戸時代後期の美容書『都風俗化粧伝』の「顔面の部」には、「人は生まれながらにして三十二相そろいたる美人という至って少なきもの也。化粧の仕様、顔のつくりようにて、よく美人となさしむべし。そのなかにも色の白きを第一とす。色のしろきは七難かくすと、諺にいえり」とある。

同書では江戸時代の女性の理想は色の白い肌とし、肌を白くするさまざまな美容法が記されている。白粉はその最たる物で、土台となる素肌作りも重要であった。江戸京橋三丁目の稲荷新道にある小間物屋から売り出された美艶仙女香は、浮世絵などを用いて宣伝され、人気を博した。1包48文（738円）ほどだった。

また、貞享4（1687）年刊行の『女用訓蒙図彙』には、「ほうさきに口紅をつくるは桜の花ぶさにたとへたり、花のしろき底に、ほのほのと赤色のあるにもあらず、なきにもあらぬやうにすべき」とあり、頬紅も薄化粧が極意であると説かれる。

口紅についても「口紅は丹花の唇とて花にたとへたり、是もいたく赤きは賤しい。ほのほのとあるべし」とあり、ここでも薄く塗ることが推奨されている。

他方、芸者や歌舞伎役者を真似て流行した笹色紅は、紅を塗り重ね玉虫色に光らせたもので、1回に使う紅の量は、現代価格で800円ほどしたという。

なお、『守貞謾稿』によれば吉原の遊女の化粧は濃中粧の傾向があったという。

吉原の遊女も、妓楼へとやってくる小間物屋を通じて、さまざまな化粧品を買い、試したことだろう。

美艶仙女香　渓斎英泉画　ミネアポリス美術館蔵　提供：Bridgeman Images/アフロ
薄化粧とともに、江戸時代では白い肌の女性が好まれた。志きぶ刷毛で白粉をのばす芸者が描かれている本作の画面右上、小間絵には「美艶仙女香」とある。江戸京橋三丁目稲荷新道の小間物屋より売り出された白粉で、10包買うと歌舞伎役者のサイン付団扇がもらえるというキャンペーンを打ち出したという。

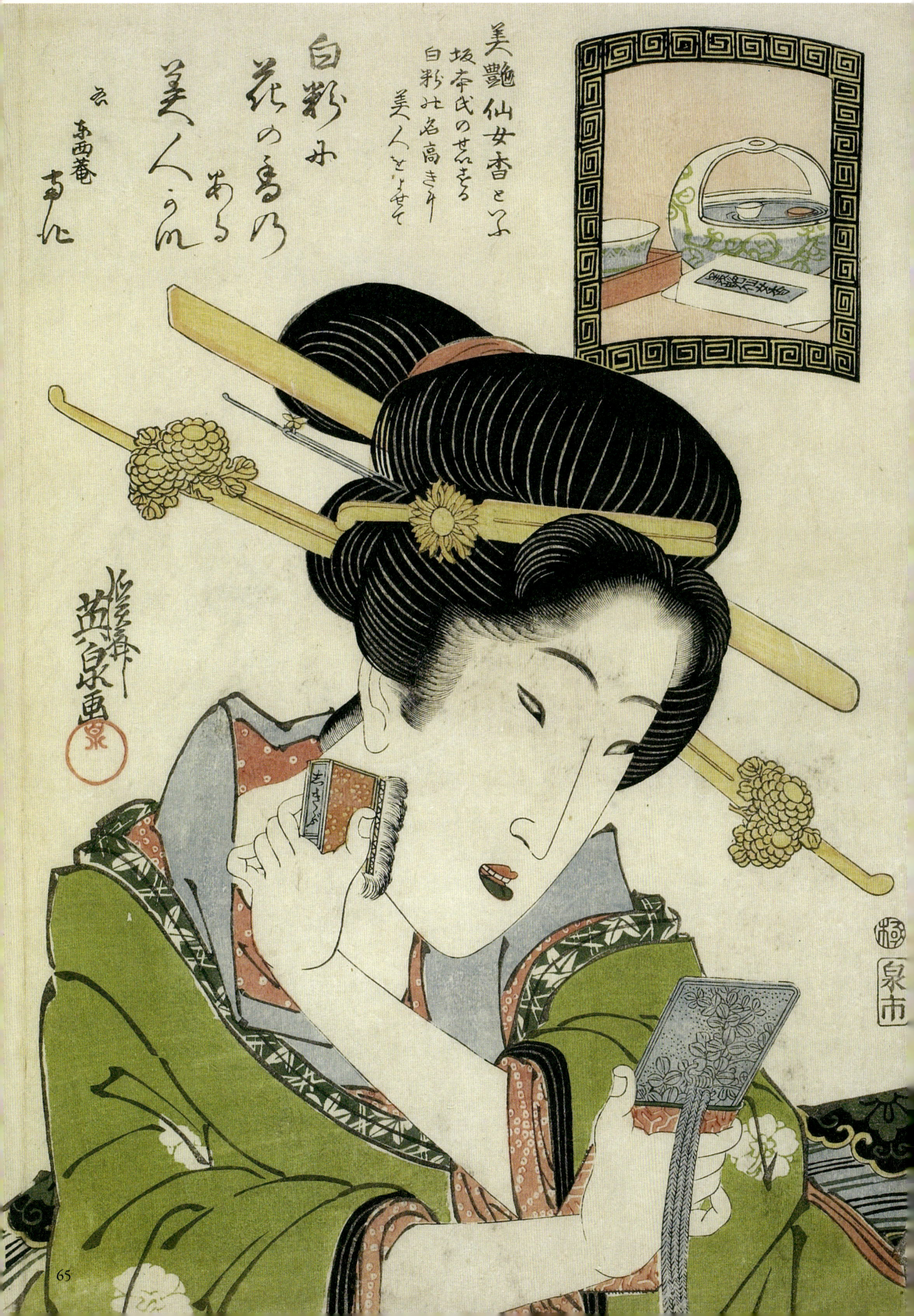
美艶仙女香
泉市

遊女の娯楽と教養

上級の遊女であるほど、教養の高い客の相手をしなければならず、読み書きを含めた、それ相応の教養が要求されていた。妓楼では遊女へのさまざまな教育が施された。

花魁は読み書きに加え高い教養を必要とした

格式の高い吉原の遊女は、太夫時代からそれなりの客を相手にするため、読み書きはもちろん、一定の教養を身につけることが求められた。太夫の位がなくなり、遊女と芸者の役割分担が確立されて以降であっても、一部の遊女は音曲に精を出すこともしばしばであった。各種の師匠を妓楼に呼び、稽古をつけてもらった。18世紀半ばの『当世武野俗談』によると、松葉屋の4代目瀬川という遊女は、三味線、浄瑠璃、茶の湯、俳諧、碁、双六、鞠、鼓、笛、諷詠、舞に秀でた才女であったという。吉原の花魁たちはこうした高い教養を身につけ、上客を楽しませるために日々、努力した。文化4（1807）年刊行の『遊女大学教草』では、遊女はまず読み書きを修め、芸能については和歌、俳諧、生花、茶、香などを師匠に就いて習うべきだと説かれている。

遊女の場合、特に読み書きは客への文（手紙）を書く際に発揮された。絶えず客がつくようにするには、文で常にアピールする必要があったのである。

また、読み書きができる遊女にとって、書物を読むことは、自由のない吉原の暮らしにおいて、ごく限られた娯楽のひとつであった。貸本屋を通じて、流行の洒落本などの戯作を読み、和歌を詠むことは、過酷な日々をしばし忘れさせる、楽しいひとときを遊女に提供した。

主な出版物の種類

赤本	「桃太郎」「猿蟹合戦」などのおとぎ話を題材にしたものが主流。
黒本	恋愛話や歴史、歌舞伎や浄瑠璃のあらすじなど、さまざまなジャンルを扱ったものが中心。
青本	恋愛や遊廓、滑稽話などやや成人向けの内容で、萌黄色の表紙をしていた。
黄表紙	当世の社会風俗を盛り込んだ大人向けの絵入り読み物。
瓦版	天災から心中事件まで、さまざまな話題・事件を速報として庶民に伝えた現代の新聞・週刊誌のようなもの。

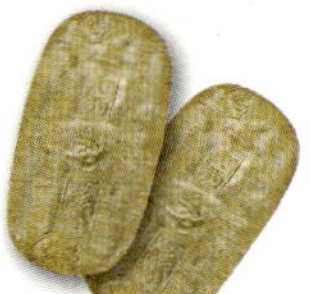

主な出版物（草双紙・瓦版）の価格

赤本	5文
現代価格	76円
黒本	5文
現代価格	76円
青本	6文
現代価格	92円
黄表紙	10文
現代価格	153円
瓦版	1枚8～16文
現代価格	123～246円

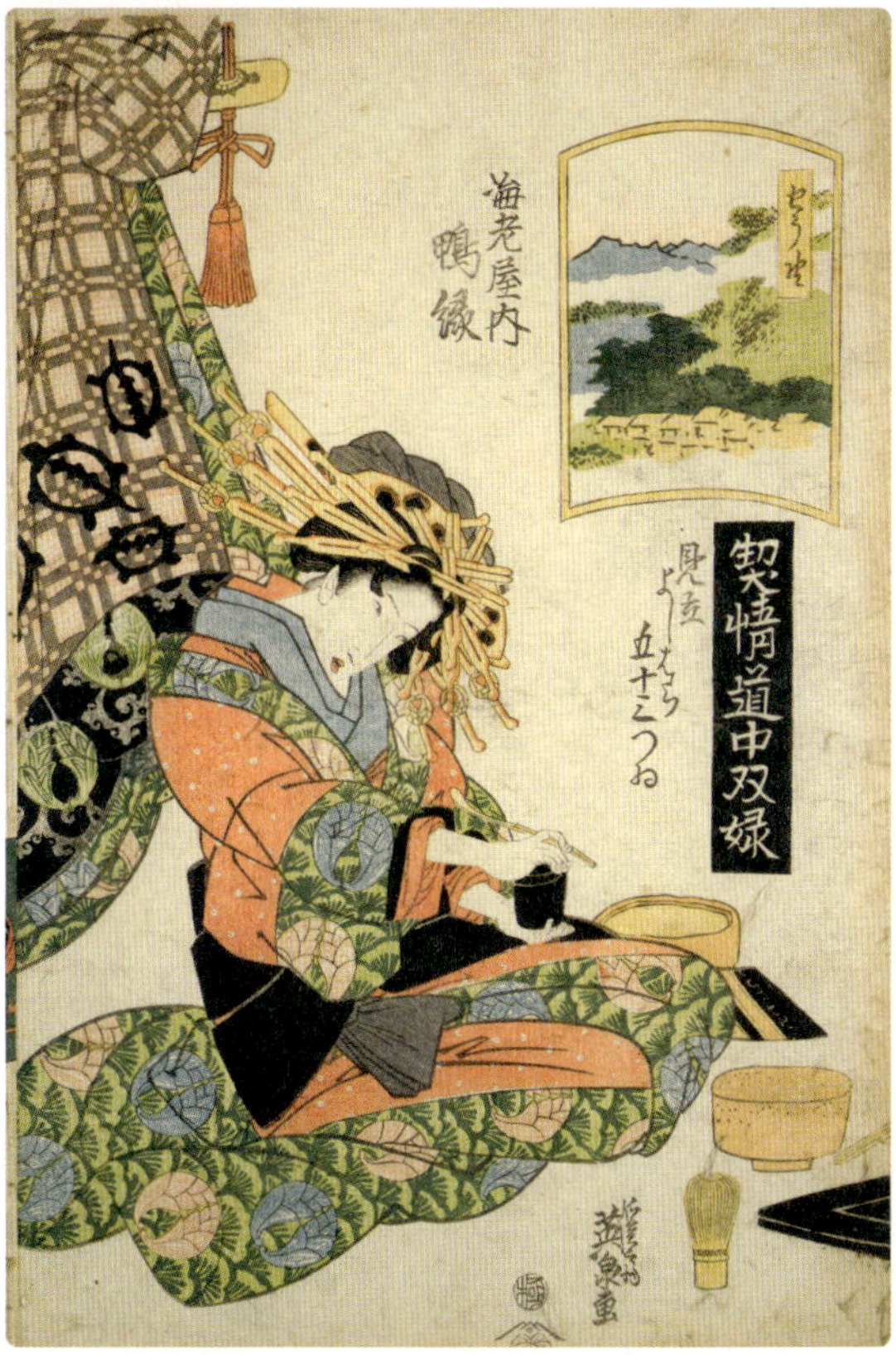

渓斎英泉画『契情道中双 見立よしはら五十三対』のうち「海老屋内鴨緑　せう野」国立国会図書館蔵

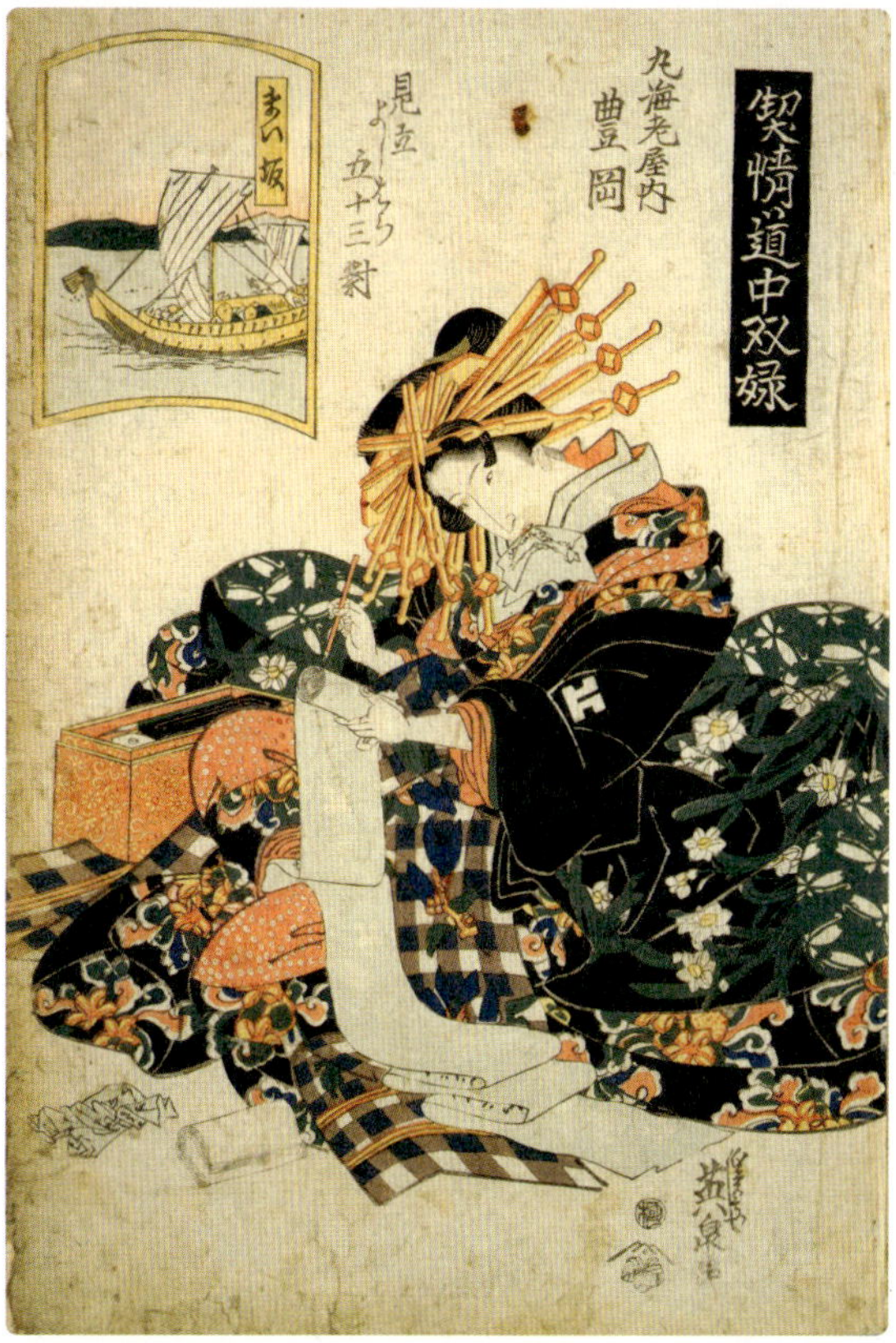

渓斎英泉画『契情道中双 見立よしはら五十三対』のうち「丸海老屋内豊岡　まい坂」国立国会図書館蔵

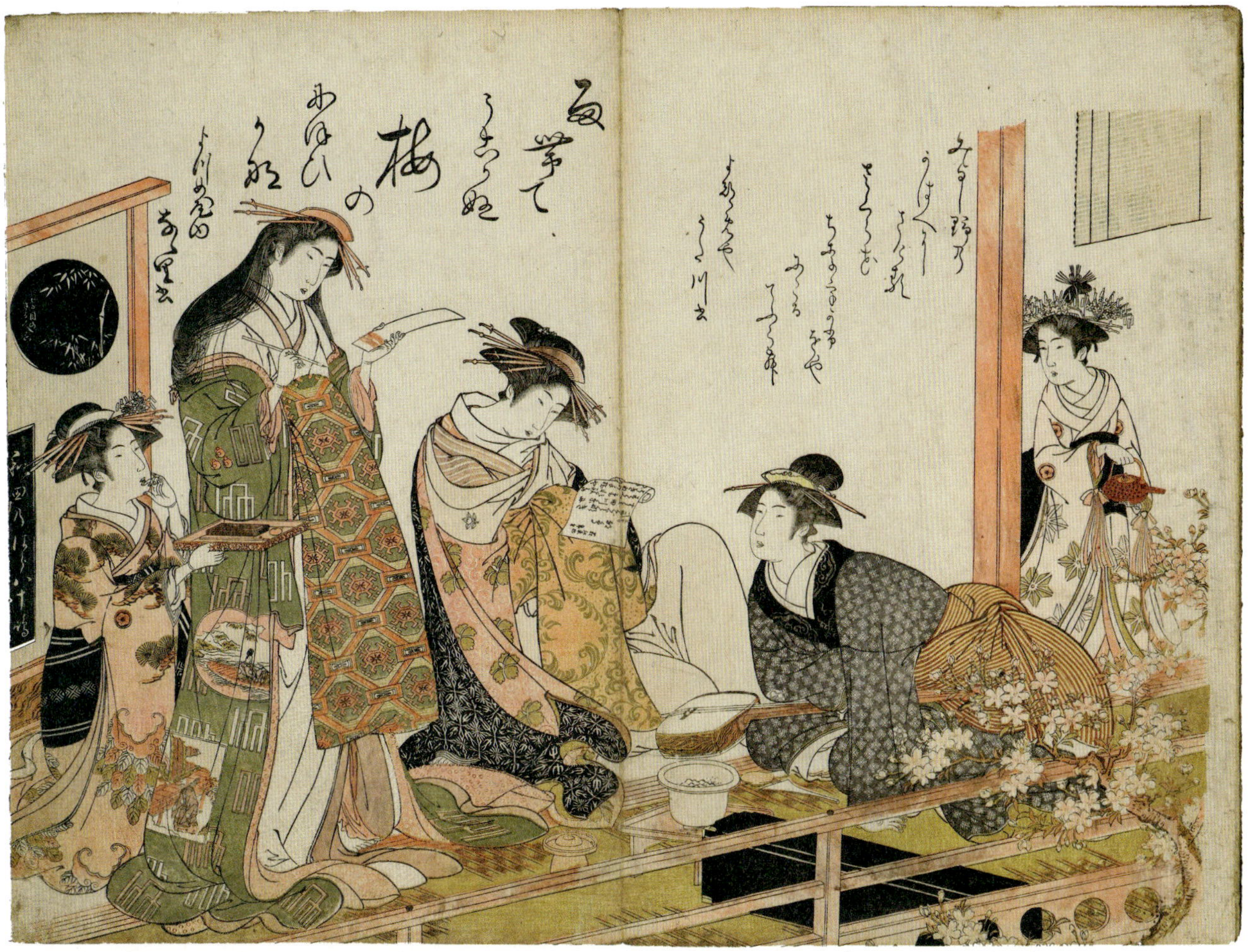

新美人合自筆鏡　北尾政演画　東京国立博物館蔵　出典：ColBase（https://colbase.nich.go.jp/）

実在の花魁「七里」と「うた川」を描いた作品。左側の髷を結わずに下ろしている花魁が七里。着ている仕掛け（打掛け）の模様は源氏香と平安調の貴族の絵柄で個性的である。振袖新造に硯を持たせ、一首詠もうと思案している。右側の島田髷・灯籠鬢の花魁がうた川で、着物や帯は春めいた上品な柄をしており、文を読んでいる。本作は遊女のポートレートと自筆の歌のセットが売りの吉原美人案内本となっている。

當時全盛美人揃　玉屋内小紫、こてふ、はる次
喜多川歌麿画　東京国立博物館蔵
出典：ColBase（https://colbase.nich.go.jp/）
吉原の遊女の座像を描いた全10枚からなる揃物のうちの1図。
江戸町一丁目の玉屋山三郎抱えの遊女・小紫を描いたもの。
煙管を持ち、優雅な色気を漂わせている。

煙草と喫煙文化

江戸町一丁目の玉屋の張見世の様子。画面左の遊女は格子越しに客に煙管を差し出している。こうして客を呼び込むことを吸い付け煙草とも称した。煙草は嗜好品であるとともに客との重要なコミュニケーション手段でもあった（山東京伝作・画『会通己惚照子』大英博物館蔵）。

江戸時代の喫煙率は高く、男女ともに嗜好品として愛された。遊女の多くも愛飲し、しばしばその妖艶な媚態を演出する重要なツールでもあった。

遊女の色気を引き出す重要アイテム

煙草は遊女にとって、妖艶な媚態を演出する重要な小道具であった。遊女を描いた浮世絵の美人画でも、しばしば女性の色気を表現するアイテムとして描き込まれた。

日本に煙草が伝えられた時期は、諸説あるが古いものでは元亀・天正（1570～92年）の頃とされ、豊臣秀吉が水口煙管を愛用したという。一説には、秀吉の側室・淀君が日本女性初の喫煙者だったとも言われるが、定かではない。伝来後100年ほどを経た享保元（1716）年に刊行された『世間娘容気』には、「昔、女の煙草のむ事遊女の外は怪我にもなかりし事なるに、今煙草のまぬ女と精進する出家は稀なり」とある。喫煙文化は一般の女性に先んじて、遊女の間で広まっていたようだ。江戸時代には女性の喫煙もさほど珍しくなくなり、美女と煙草を題材にした美女喫煙図が描かれるようになった。江戸時代中期にはさらに女性の喫煙は一般化し、喜多川歌麿や鳥文斎栄之、歌川豊国らの浮世絵には、煙草を吸う女性の姿が頻出する。喫煙文化の浸透とともに、女性用の喫煙具にもさまざまな意匠が施されるようになった。男性用に比べて小ぶりで、花や蝶や鳥などの花鳥を題材にしたものが多かった。

張見世のなかで煙草をくゆらし、客に格子越しに煙管を渡して誘う、吸い付け煙草など、遊女ならではのテクニックもあった。

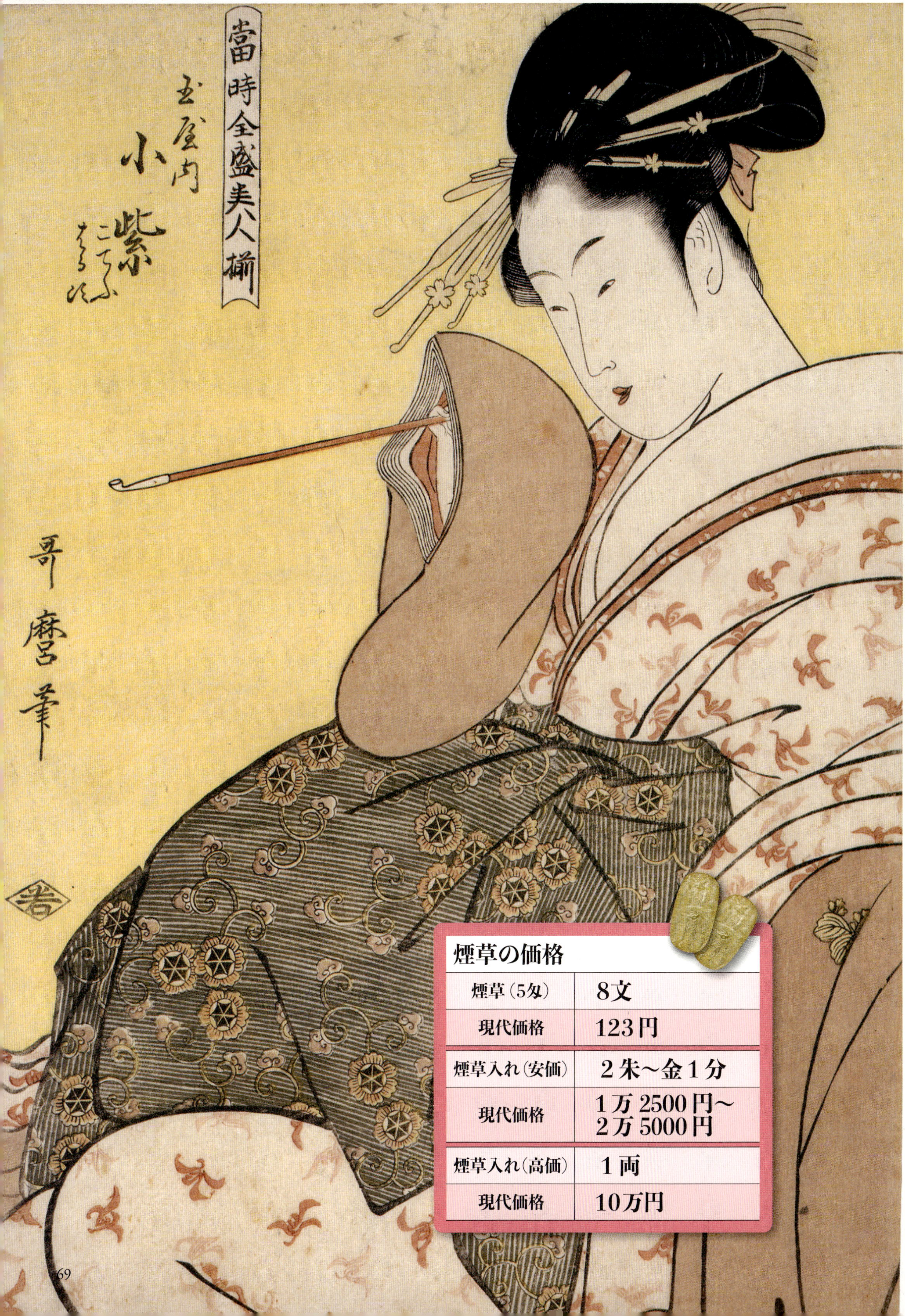

煙草の価格

煙草（5匁）	8文
現代価格	123円
煙草入れ（安価）	2朱～金1分
現代価格	1万2500円～ 2万5000円
煙草入れ（高価）	1両
現代価格	10万円

火事と仮宅での営業

吉原地震焼亡之図　東京大学総合図書館（石本コレクション）蔵

江戸時代を通じて18回も全焼を経験した吉原では、再建までの間、しばしば仮宅での営業を行っていた。なかには苦しい生活に耐えかねた遊女らが共謀して火をつけるケースもあったという。

苦界に耐えかねた遊女らの悲痛の付け火

木造の家がひしめき合っていた江戸は、たびたび大火に見舞われたが、吉原も例外ではなかった。妓楼などから火が出ると、吉原は全焼することもたびたびあった。

江戸時代には、明暦3（1657）年の新吉原開業以来、明和5（1768）年4月の火災を皮切りに、幕末の慶応2（1866）年11月まで、合計18回もの全焼を経験している。吉原の火事は、類焼もあったが、主に妓楼が火元だった。出火の原因としては、遊女による付け火も多かったという。江戸時代における18回の吉原全焼のうち、少なくとも10回は遊女による付け火が原因だったとされる。39ページで述べたように、付け火は火罪に処せられるのが常であるが、苦界に耐えかねた遊女の付け火は情状酌量され、流罪に減刑された。

『藤岡屋日記』は、弘化2（1845）年の遊女たちによる放火について、詳細を記している。京町二丁目の妓楼・川津屋の楼主の女房が、理不尽な理由で遊女を折檻した。日頃の残忍な仕打ちを恨み、遊女たちは共謀して妓楼に火をつけたのである。内風呂の軒下に積んであった炭俵と薪に付け火したところ、瞬く間に火は広がり、吉原は全焼してしまった。主犯格の遊女らは中追放に減刑され、他方、妓楼の女房は自らの仕打ちが放火を招いたとし、急度叱り（厳重な叱責。軽刑）に処されたという。

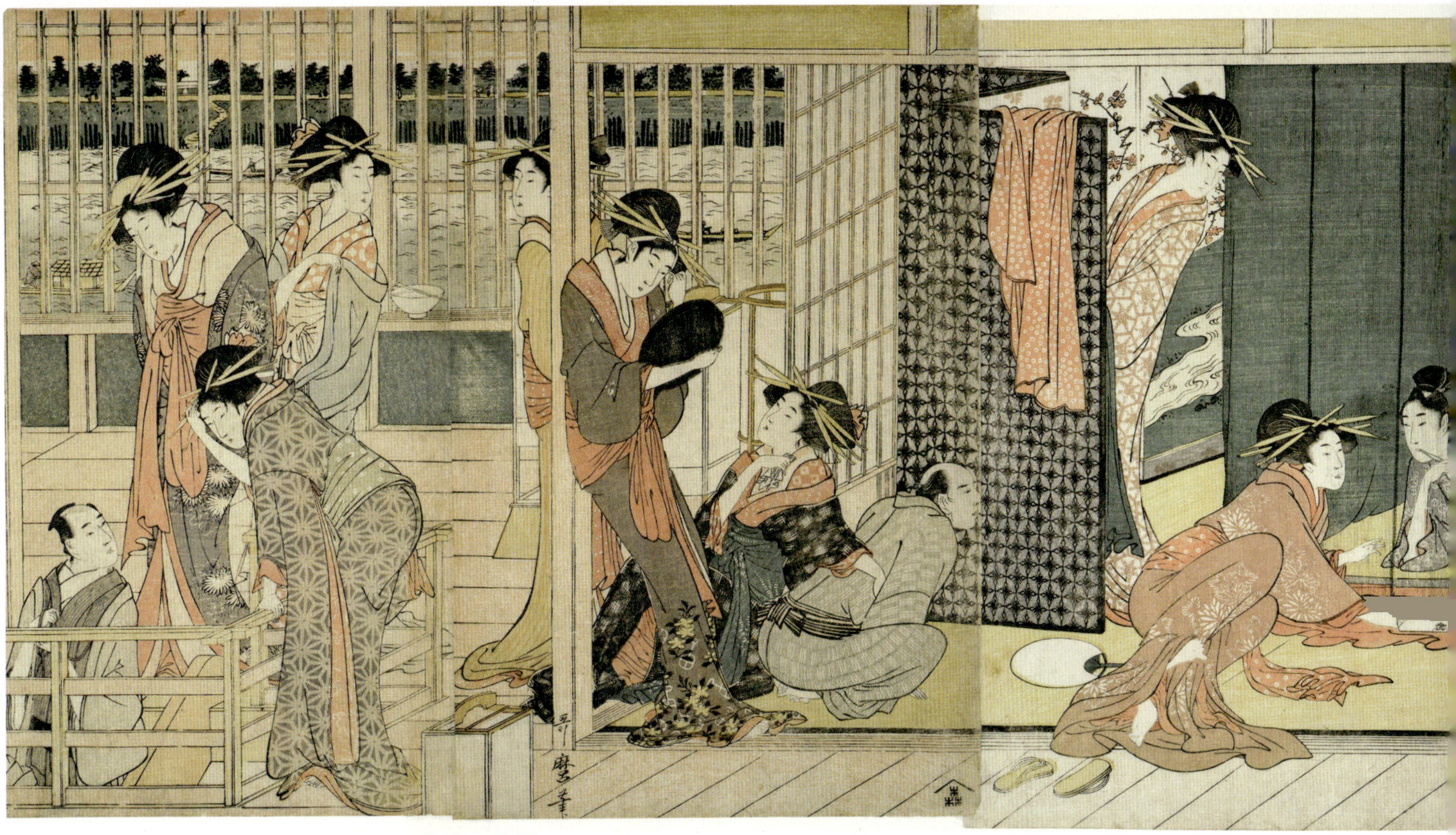

仮宅の後朝　喜多川歌麿画　ホノルル美術館蔵　提供：Heritage Image/アフロ

妓楼は儲かるが遊女には過酷な仮宅営業

　吉原では、火事で営業ができなくなると、妓楼を再建するまでの間、期間を決めて、浅草や本所、深川、中洲などで仮営業することを、幕府から許可されていた。これを「仮宅」と言う。江戸市中で営業したため、客にとっては通常の吉原よりも通いやすかった。臨時の営業であることから、吉原独自の格式や祝儀などの伝統も簡易化されたことから、揚代もディスカウントされた。普段なら通えない客も殺到したため、大変な繁盛ぶりだったという。

　仮宅のため、調度品も仮のもので安上がりで済んだため、経費がかからず、妓楼の商売もむしろ繁盛した。大文字屋の遊女・大井は仮宅営業で、昼11両・夜19両、合わせて1日で30両（300万円）を稼いだという。

　仮宅となると、遊女たちも吉原を出て江戸市中で暮らすことになる。湯屋は町内のものに行き、近所の寺社を参詣することもできた。時に花火見物や船遊びに出かけることもできた。

　しかし、そのような解放感も初めのうちだけであった。仮宅営業はとにかく客が増える。吉原での通常営業の比でないくらい、多くの客をとらされた。仮宅営業のある小見世の例だと、一昼夜のあいだに91人の客をとったという。

仮宅での収入

寛政6年の大文字屋大井の例	1日30両（昼11両・夜19両）
現代価格	1日300万円（昼110万円・夜190万円）

國貞画
國貞画

新よし原尾州楼かり宅　歌川国貞画　台東区立図書館デジタルアーカイブ
江戸市中と同様に吉原遊廓もたびたび火災に見舞われた。再建中には幕府の許可で、浅草や本所、深川などで仮営業していた。これを仮宅という。本作で描かれたのも吉原の仮宅のひとつであるが、かなり美化して描かれている。実際にはもっと質素で狭苦しいものだった。

遊女の病気と治療費用

1日に何人も客を取り、かつ栄養にも乏しい貧しい食生活を送った遊女たちはさまざまな病気に蝕まれ、当時としては不治の病である梅毒などによって多数が年季明けを待たずに、命を落としたという。

病気の治療費用

医者への薬礼（１服あたり）	13文〜33文
現代価格	約200円〜約510円
淋病（性病）の薬代（1包）	124文
現代価格	約1910円

当時は不治の病だった梅毒と淋病

毎日、複数の男客を相手にしなければならない遊女の体を、特に蝕んだのが病気、とりわけ性病である。当時は性病予防のコンドームもなく、病気に関する知識も乏しい時代である。そのため、梅毒や淋病が蔓延した。文化７（１８１０）年に刊行された杉田玄白『形影夜話』では、毎年７００〜８００人の梅毒患者を診察し、延べ数万人に及んだとしている。

梅毒には感染初期に症状が出たのち、長い潜伏期間があることで知られる。症状が治まるため、快癒したと勘違いされた。梅毒にかかり寝込むことを「鳥屋につく」と言うが、そこから回復すれば二度と梅毒にはかからないと信じられた。鳥屋から回復してこそ一人前の遊女とも言われていたのである。抗生物質がない当時において、梅毒に罹患すればまず完治することはなかった。

『青楼昼之世界錦之裏』には作者の山東京伝が花魁から聞いた淋病の薬の作り方が載っている。それによれば、黄蓮や甘草、山査子といった数種類の薬草に女の陰毛３本を黒焼きにしたものを加えるという。漢方や生薬の類で、痛みこそ和らげられたかもしれないが、まずは完治しなかったと思われる。

また、安政頃に作られた『諸国板行帖』によれば、淋病の妙薬が売られており、１包１２４文（約１９１０円）だったという。

妓楼1階隅にある行灯部屋には、病気となった遊女が入れられることもしばしばであった。衛生環境が悪く、粗末な部屋での療養はかえって病気が悪化した（山東京伝作・画『令子洞房』大阪大学附属図書館・忍頂寺文庫蔵）。

梅毒（黴毒）検査を受けて、貸座敷（妓楼）に戻る明治期の遊女たちの様子（橋本周延画「全盛廓賑ひ」国際日本文化研究センター・宗田文庫蔵）。

吉原の名物・名店

江戸見物の観光地としても賑わった吉原遊廓には、さまざまな名物・名店があり、妓楼の客だけでなく、吉原を訪れる者や吉原で暮らす者たちで賑わった。

江戸の代表的な観光地でもあった吉原では、観光客で賑わう有名店や、さまざまな名物があった。よく知られたのが、「袖の梅」「巻煎餅」「甘露梅」「釣瓶蕎麦」「最中の月」などである。

袖の梅は二日酔いの丸薬で、妓楼に常備し、客に勧めたという。

巻煎餅は、巻いた煎餅を折詰めにし、進物として用いられた。江戸町二丁目角の万屋太郎兵衛が最初に考案したと伝わる。万屋は、のち竹村伊勢という吉原の代表的な菓子屋となった。

甘露梅とは、梅を紫蘇の葉で巻いた砂糖漬けで、松屋庄兵衛が最初に作ったとされる。天保年間（1830～44年）には、5月になると引手茶屋がいっせいに作るようになった。下図の戯作『春色梅美婦禰』では、引手茶屋に多くの芸者が集まり、梅を紫蘇巻にしている場面が描かれている。

釣瓶蕎麦は大門の外の五十間道に店舗を構えた蕎麦屋・増田屋の蕎麦のことを指す。

最中の月は、あんころ餅の一種である。『古今吉原大全』によると、「このごろ、最中の月という菓子をも製し出す」とあり、明和年間（1764～72年）頃に竹村伊勢によって売り出されていたと思われる。吉原の手頃なスイーツで、時に遊女らも食したという。

為永春水作・歌川国直／静斎英一画『春色梅美婦禰』国立国会図書館蔵

第4章

吉原の客たち

吉原のタウンガイド「吉原細見」

吉原遊廓へ通う客たちは、まず吉原のタウンガイドである「吉原細見」を読み込み、どこの妓楼にどんな遊女がいて、どれくらいの揚代がかかるのかなどをチェックした。

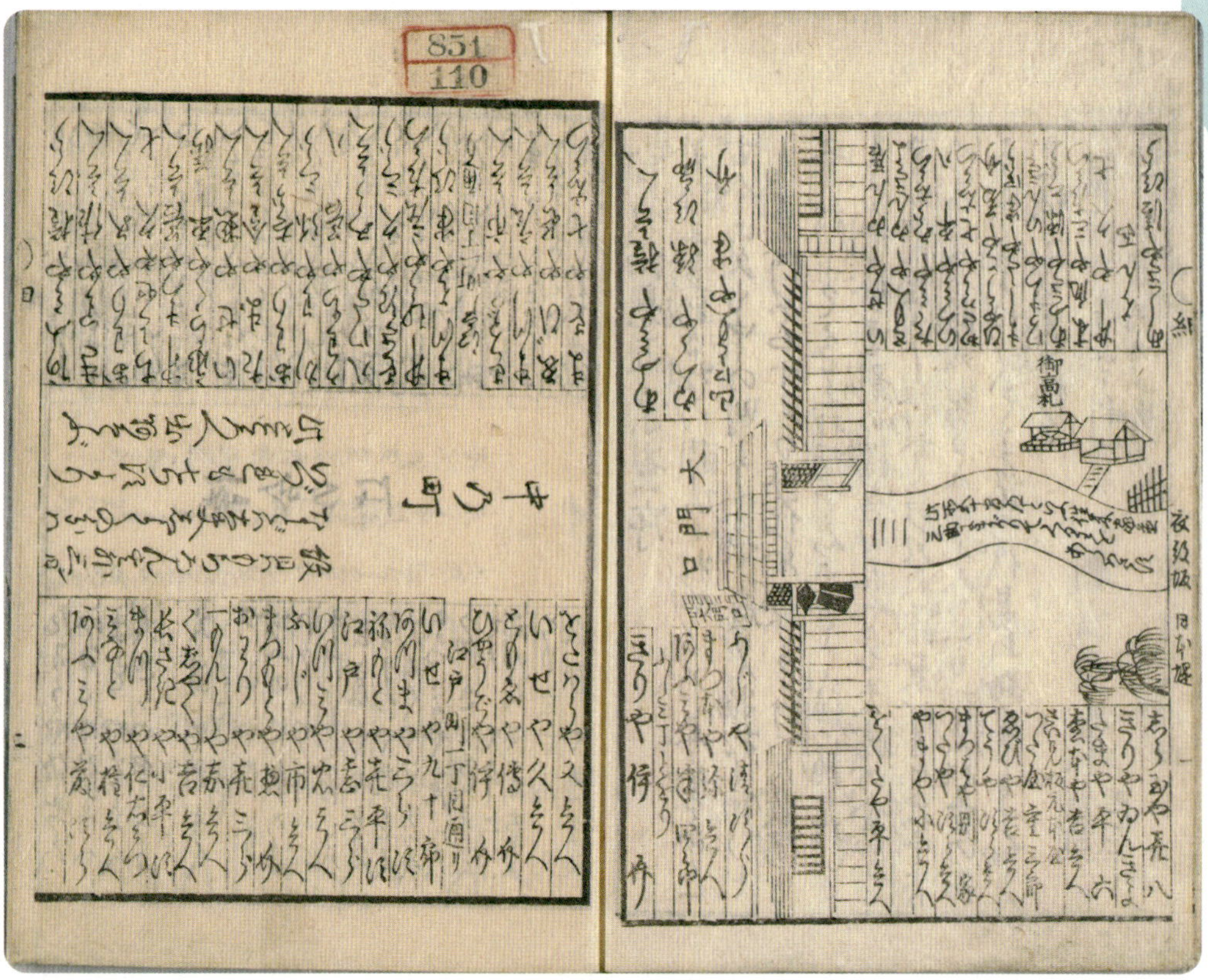

吉原細見　五葉の松
蔦屋重三郎版　国立国会図書館蔵

吉原の客の必須アイテム「吉原細見」

まず吉原を訪れる客は、どの妓楼で遊ぶかを吟味しなければならない。その有力な助けとなったのが、吉原のタウンガイド「吉原細見」である。

細見売りと呼ばれる男たちが、吉原のいたるところで立って売っており、妓楼で遊ぶことが目当ての客のほか、ただ吉原見物に歩くだけの者にとっても、よい江戸土産となるため買い求めることもあった。

刊行された当初は1枚刷りであったが、その後、横本形式となった。五十間道に店を構えた蔦屋重三郎の版が有名で、安永4（１７７５）年に縦10センチ×横10センチ前後の縦本の形状に改められた。その後、蔦重版が「吉原細見」のほぼ独占販売となっていく。

「吉原細見」は、吉原の妓楼の名称と抱えの遊女の名を、吉原の地図上にリストアップしたものである。一目で妓楼の場所と名前や、遊女とその揚代がわかった。

妓楼の格（大見世・中見世・小見世の違い）は、楼主の名前の上についた合印で区別される。

大見世には昼三がおり、中見世には揚代が２分（５万円）以上の遊女や２朱（１万２５００円）の遊女がいた。そのため、交り見世とも称された。また小見世には昼三がいなかった。

各妓楼の項目には、抱えの遊女がリストアップされているが、上級の遊女は名前の上に2つ並んだ山形の合印で示された。山形の下に星（●など）の記号があり、遊女の格を表している。

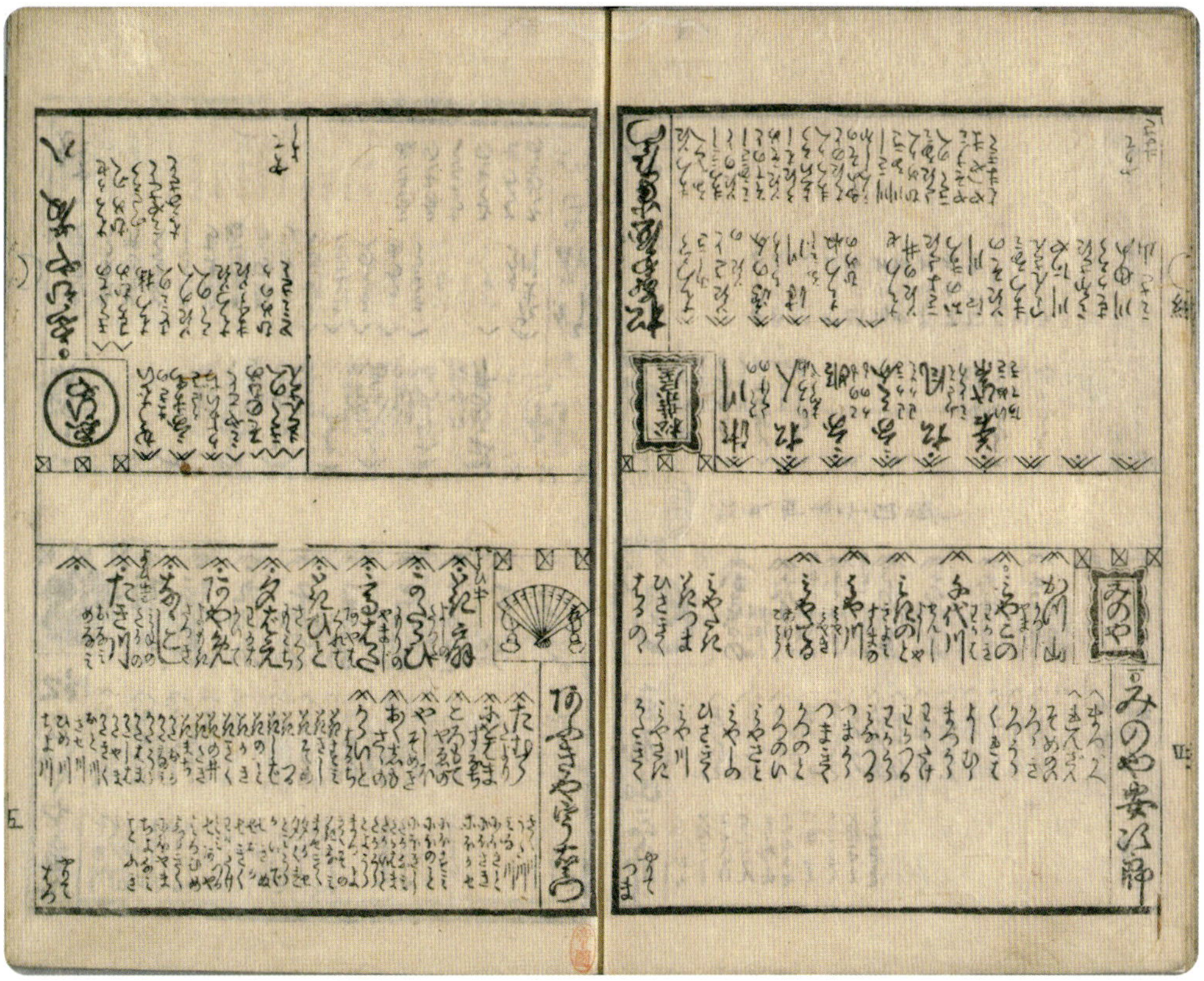

「吉原細見」には吉原内の各妓楼と抱えている遊女がランキングや揚代とともに網羅、紹介されている。

妓楼の店主名と見世の格を表す記号

妓楼の屋号

所属する遊女のリストとその格を表す記号

「吉原細見」には各妓楼の情報が一目でわかるように配置されている。店主名の上にある記号は、妓楼の格を表す。大見世は「■」、小見世は黒と白の半円、中見世は黒と白の半円の上に「▲」が付されている。また、妓楼に所属する遊女リストの名前の上にある山形のマークは遊女自身の格を表す。山形が2つ並んだものが高級遊女であり、山形の下に「●」が2つ付くと新造付きなど、見分けがつくようになっている。

吉原通いの客たち

吉原には武士や豪商、庶民までさまざまな人々が訪れ、賑わいを見せた。しかし高級の花魁と遊べるのは収入の多い、ごく限られた人間だけだった。

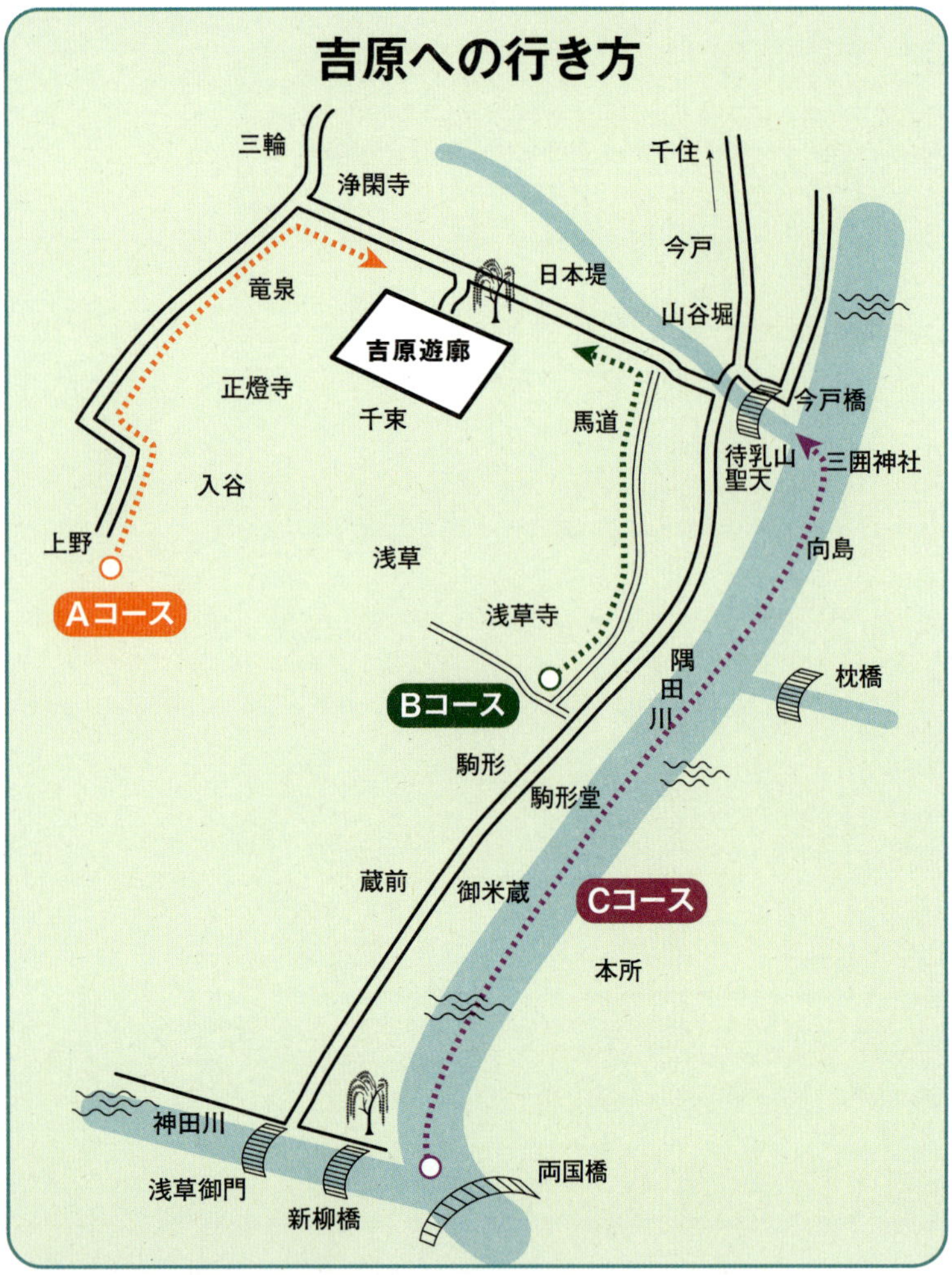

地図は『図録 大吉原展』（東京藝術大学美術館）及び永井義男『図説吉原事典』（朝日新聞出版）を参考の上作成。

Aコース

上野方面から正燈寺を抜けて、日本堤へと出る道。主に徒歩で、裏道として使われていた。正燈寺は紅葉の名所だったため、吉原遊廓に行く口実としても使われたという。

Bコース

駒形から隅田川に沿って吉原へと至る道を馬道と言う。武士が多数通った頃に、駄賃馬を用いたことからそう呼ばれた。元禄まで利用されたとされるが、以降は駕籠が一般的となった。

Cコース

船で隅田川を行くコースで柳橋付近の船宿で舟を雇って隅田川をさかのぼり、山谷堀へと至る。A・B・Cコースともに日本堤を通らなければならない。

さまざまな吉原の客層 嫌われた勤番武士

吉原に通う者は、どこから出発するにせよ、最後は必ず日本堤に出なければならなかった。上野や浅草寺から徒歩、もしくは駕籠で行く場合や、柳橋から隅田川を船で遡り、山谷堀で徒歩に切り替えて日本堤に至る場合など、複数のルートがあった。仮に江戸市中の日本橋から吉原まで、全て二枚肩の駕籠を使った場合、５００文（約７７００円）ほどかかったという。柳橋から山谷堀まで猪牙舟を用いる場合には、船賃はおよそ１４８文（約２２８０円）であった。

見世や遊女の格によって、当然ながら揚代は異なり、遊べる客層にも違いがあった。戯作『吉原やうし』では、花魁と遊べる客を分類しているが、およそ、次の通りである。呼出し昼三は諸藩の留守居役、江戸に出てきた地方の豪商・豪農、大店の旦那などである。昼三は大店の若旦那、大名や旗本の若殿、大名家御用達の商人など。座敷持ちは旗本の次男坊や商家の番頭、部屋持ちになると諸藩の藩士や高禄の武士たちが主な客層であった。

宝暦以降の吉原では武士の客はあまり歓迎されなかった。とりわけ参勤交代で江戸にやってきた勤番武士は遊女からは敬遠された。江戸で独身生活を送る勤番武士は、暇こそあるが、金銭的な余裕はない。そのため、払いが渋い割に要求が大きかったのである。武士の身分をカサに着て威張るため、勤番武士は吉原では特に嫌われていた。

吉原までの駕籠代

二枚肩で1里半（日本橋から吉原まで）	約500文
現代価格	約7700円

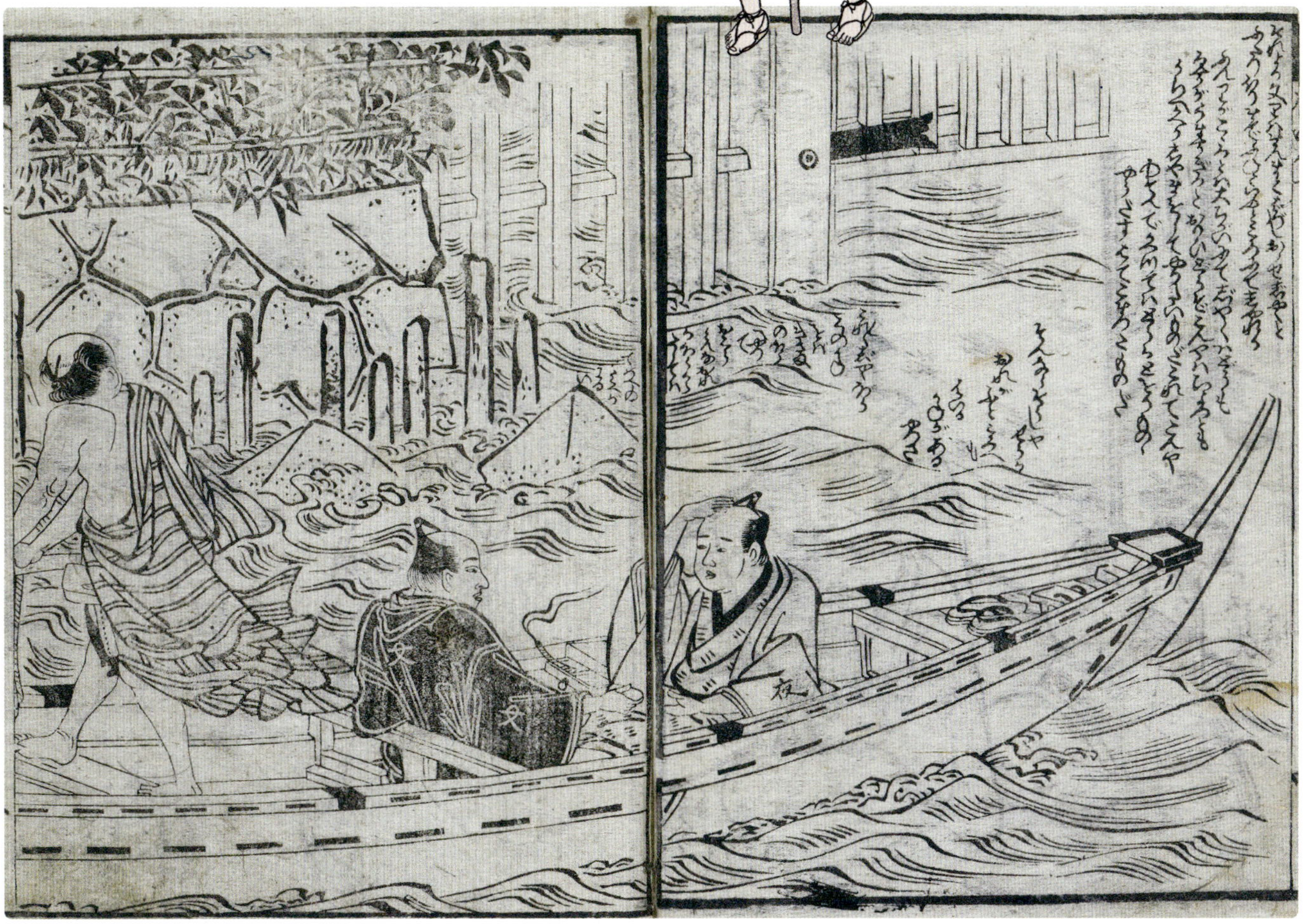

吉原には陸路のほか、隅田川を北上して山谷堀に至るルートもあった。本図は蔵前の石垣と水門の前を通る、吉原行きの猪牙舟と通い客の様子（伊庭可笑作・鳥居清経画『極通人由来』シカゴ美術館蔵）。

主な客層

呼出し昼三	諸藩の留守居役、江戸に出てきた地方豪商・豪農、大店の旦那
昼三	大店の若旦那、大名や旗本の若殿、大名家御用達の商人
座敷持ち	旗本の次男坊、商家の番頭
部屋持ち	諸藩の藩士、高禄の幕臣

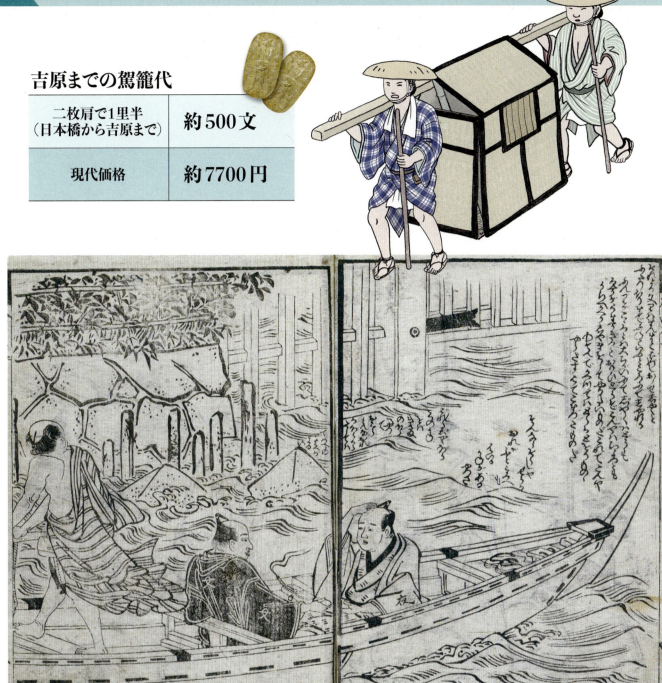

旗本の収入

石高	40石～4000石未満
貨幣換算	40両～4000両未満
現代価格	年収400万円～ 4億円未満

御家人の収入

石高	40石以下
貨幣換算	40両以下
現代価格	年収400万円以下

一晩で2億円の散財
豪商セレブの大胆な遊び

同じ武士であっても、勤番武士と違って、諸藩の対外折衝役である留守居役の武士は、金払いがよかったという。役目上、潤沢な接待交際費を使うことができた。諸藩の留守居役同士で、情報交換と称して吉原で遊ぶことも多かったという。

享和2（1802）年10月、上野寛永寺で10代将軍・徳川家治の十七回忌が行われたのち、諸藩の留守居役60人余りで、吉原に行き、妓楼を総仕舞いにして、豪快に遊んだという。総仕舞いとは妓楼の遊女を1日買い切り遊ぶことで、総揚げとも言った。さすがに後日、幕府の大目付から譴責を受けたという。

こうした桁外れの豪遊は、揚屋制度がなくなった時代の吉原には珍しく、太夫のいた時代の豪遊伝説が有名である。特に知られたのは「紀文」こと豪商・紀伊國屋文左衛門の豪遊だ。彼は大門を閉め、廓中の妓楼を貸切り、吉原全体を総仕舞いにしたという。その費用は一晩で2300両。現代価格にして2億3000万円というセレブな遊びである。それも二度、三度と行ったというから豪気である。

また、吉原の遊女らには、悪擦れしていない純朴な人柄の客は好感がもたれたが、逆に江戸っ子を気取った半可通（知ったかぶり）は嫌われた。吉原を舞台にした戯作では、半可通とは対照的に初心な若旦那（中流以上の商家の息子）は、遊女にもてたという。

商家の奉公人をお店者というが、しばしば主人の目を盗んで遊んだ者も多かった。番頭くらい偉くなると、商用とかこつけて外出し、昼見世で遊ぶこともできたという。

ここでは吉原の主な客層の収入を、目安として挙げておいた。

葛飾北斎画「新吉原大門口之図」個人蔵

大店主人の収入

手元予備金 （白木屋・貞享4年）	2万9500両
現代価格	29億5000万円

大店奉公人の収入

通常の奉公人	4両～6両
現代価格	40万円～60万円
番頭	約10両
現代価格	約100万円

（小僧は衣食住のみ）

登楼の仕方と遊び方

吉原には独自の遊び方としきたりがあったが、半ば都市伝説的に広まったものも多い。「吉原の花魁は3回目でないと体を許さない」というのも実は嘘だった。

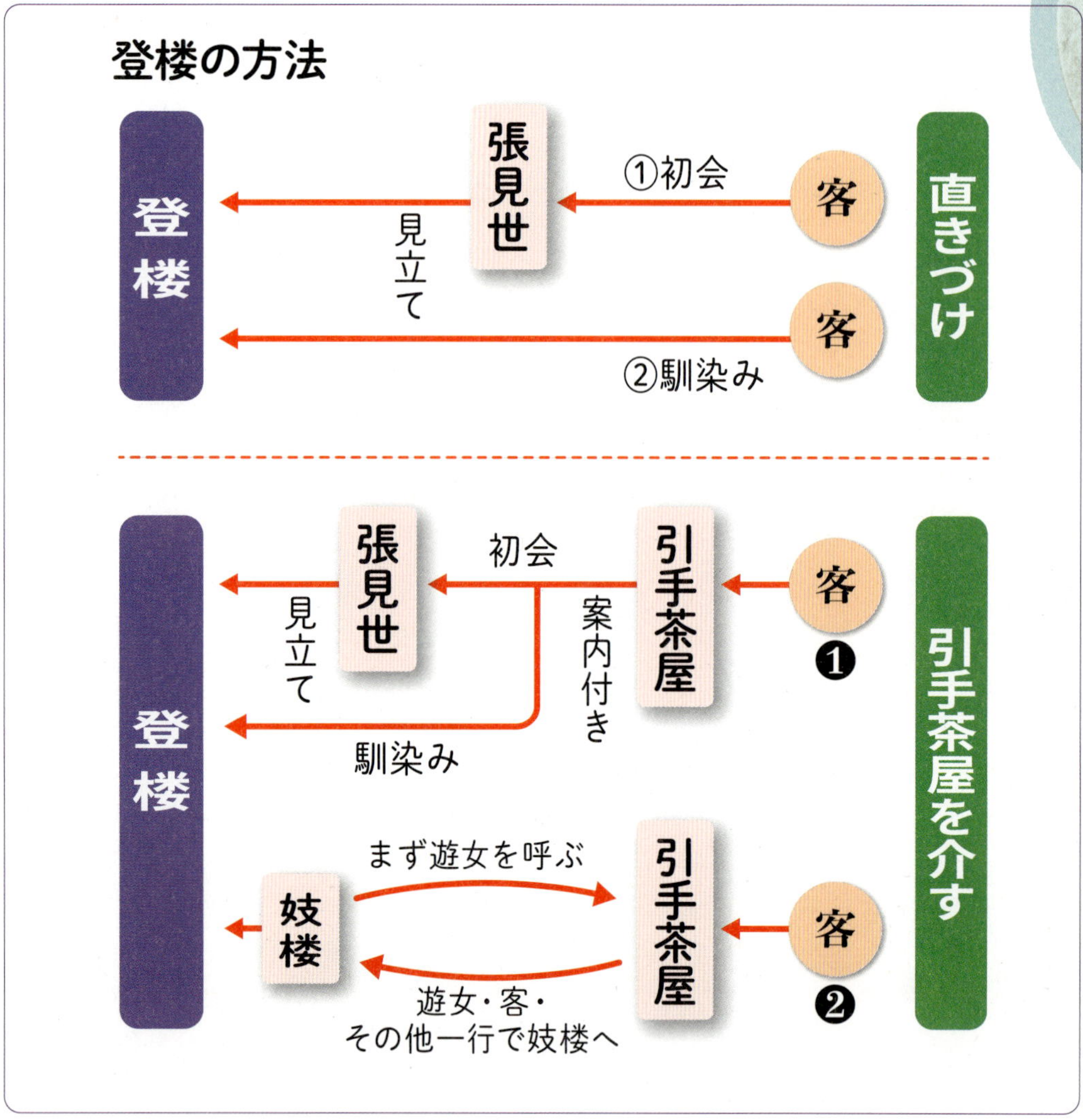

図は永井義男『図説吉原事典』（朝日新聞出版）を参考の上作成。

遊女への祝儀だけで30万円の散財になった!?

独自の格式と伝統がある吉原では、妓楼で遊ぶにも一定の形式があった。

まず「吉原細見」などで自分の懐具合にあった妓楼や遊女に目星を付ける。目当ての妓楼・遊女があれば、直接、妓楼へ行き、張見世から遊女を品定めし、見世番に相談する。このように客が直接、登楼することを「直きづけ」と呼んだ。

直きづけのほか、引手茶屋を通して、登楼する場合もある。引手茶屋で遊女を斡旋してもらうのだ。支払いはすべて引手茶屋が立て替えるため、初会の客（初めて遊ぶ客）は、それなりのお金の入った財布を引手茶屋に預ける必要があった。

客は引手茶屋の2階で軽く飲み食いしたのち、頃合いで女将や若い者の案内で妓楼へと向かう。あるいは妓楼から遊女を引手茶屋まで呼び寄せて、一緒に登楼することもあった。これが最も贅沢な遊びで、花魁が新造や禿らを引き連れてきた。

戯作『廓宇久為寿』には、京町の大見世で遊んだ客の支払い額が載っている。相手の遊女は昼三で、幇間1人、芸者2人も呼び酒宴を催した。飲食代や引手茶屋への謝礼も込みで、しめて8両3分2朱を請求されている。一晩で88万7500円、およそ90万円の蕩尽であった。

客は揚代などのほかに、さまざまな場面で、遊女や妓楼で働く奉公人らに祝儀を出さ

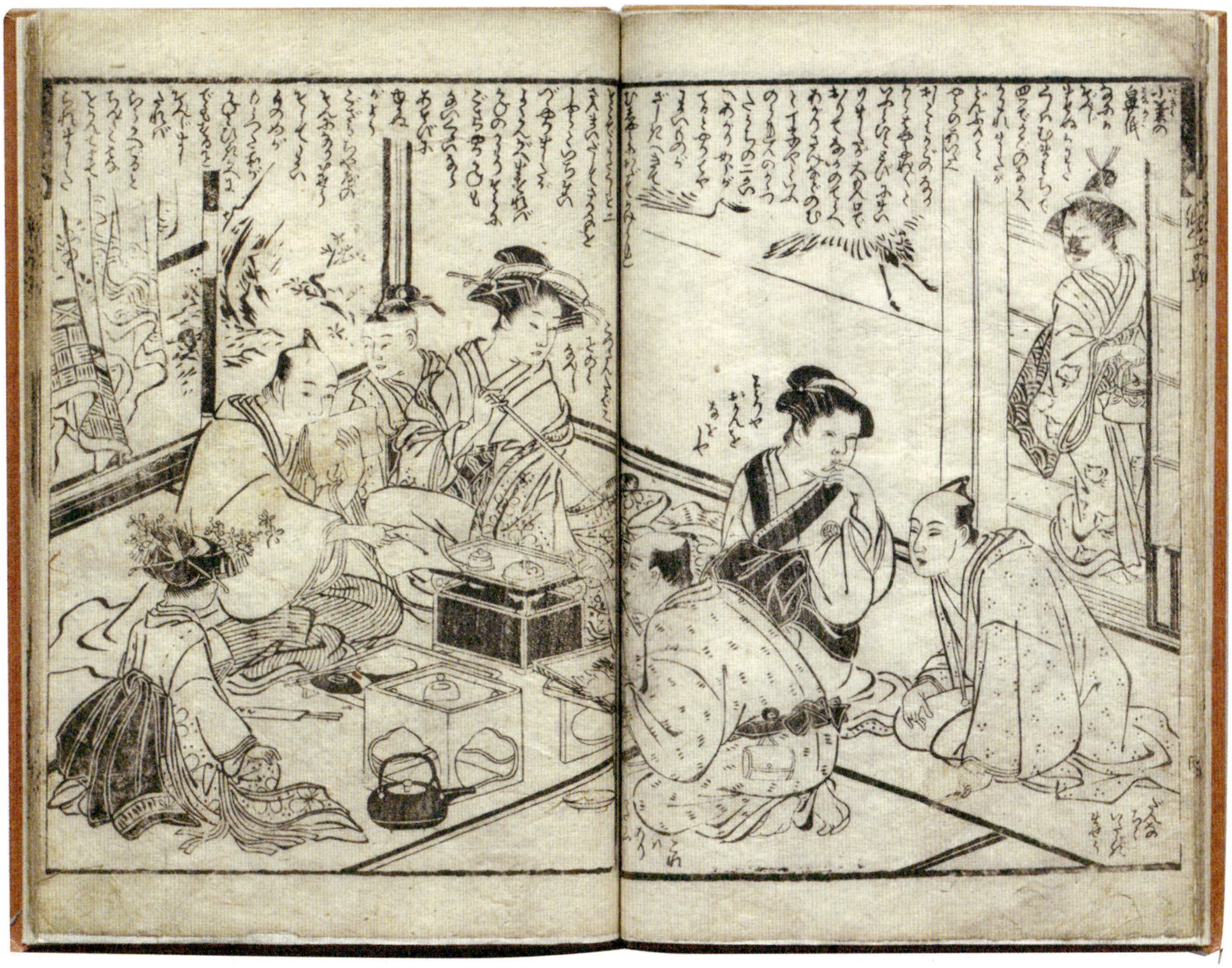

妓楼の若い者へ祝儀の紙花を渡す場面。引手茶屋を通した客は、直接お金のやり取りをするのは野暮とされ、1枚金1分に換金される紙花を用いて祝儀を出した（伊庭可笑作・鳥居清長画『紙屑身上噺』国立国会図書館蔵）。

なければならなかった。馴染みになった際には「床花」という祝儀を遊女に与える。3両（30万円）ほどが目安だったという。また、遊女や新造、禿、遣手など妓楼2階で働く者に与える祝儀を「二階花」と言った。

また、妓楼の使用人すべてに祝儀を与えることを「惣花」と言う。茶屋や船宿の者にまで与えるケースもあったという。惣花があると、妓楼では客の名前を書いた紙を帳場の上に張り出し、見栄を張りたい客の自尊心を満足させた。これが他の客の競争心を煽ることにもつながった。

惣花の額は妓楼の格によって異なった。『新吉原町定書』によれば、大見世は3両（30万円）、中見世は2両（20万円）、小見世は1両2分（15万円）、河岸見世は2分（5万円）ほどであったという。

祝儀の価格

床花	3両前後	
	現代価格	30万円前後
惣花	大見世3両	
	現代価格	30万円前後
	中見世2両	
	現代価格	20万円前後
	小見世1両2分	
	現代価格	15万円前後
	河岸見世2分	
	現代価格	5万円前後

引手茶屋への支払い例

吉原遊廓・京町の大見世で遊んだ場合
昼三の遊女、幇間1人、芸者2人で宴会（料理・酒代含む）

総額	8両3分2朱
現代価格	88万7500円

吉原遊廓の客はまず仲之町に軒を連ねる引手茶屋で、妓楼の遊女を斡旋してもらう。花魁は新造や禿を連れて引手茶屋に向かい、しばしの歓談ののち、客は花魁や若い者とともに妓楼へ向かう(『北里十二時』国立国会図書館蔵)。

妓楼に着くと1階の楼主がいる内証に、刀を預ける(『北里十二時』国立国会図書館蔵)。

「花魁は3回目で肌を許す」は俗説だった!?

先述したように、初めての遊びを「初会」と呼ぶ。2回目は「裏」で、「裏を返す」と言った。3回目の登楼で、馴染みとなる。床花は、3回目の馴染みになったときに渡す。遊女が寝床に来ないうちに、枕元の煙草盆の引き出しにそっと入れておくのが粋だったという。

また、同じ妓楼内で、初会の遊女から別の遊女に切り替えることは禁止されていた。

俗に花魁は3回目の馴染みになるまでは、客に肌を許さないと言われる。

初会では花魁は澄ましてつれない態度をとる。裏でようやく打ち解け、話もするが床入りはできない。3回目で馴染みとなって晴れて床入りとなるというわけだ。

しかし、その作法は、史料的な裏付けはなく、単なる俗説に過ぎない。

夢中のあまり客が朝になっても帰らずに、そのまま妓楼に留まることを「居続け」と呼ぶ。当然ながらその分、支払いは増えていくため、遊女はなるべく客を居続けさせようと巧みに誘った(『青楼絵抄年中行事』国立国会図書館蔵)。

明六つ(午前6時頃)には朝帰りの客が身支度をして妓楼を出る。遊女は客に羽織をかけてやり、見送る(『青楼絵抄年中行事』国立国会図書館蔵)。

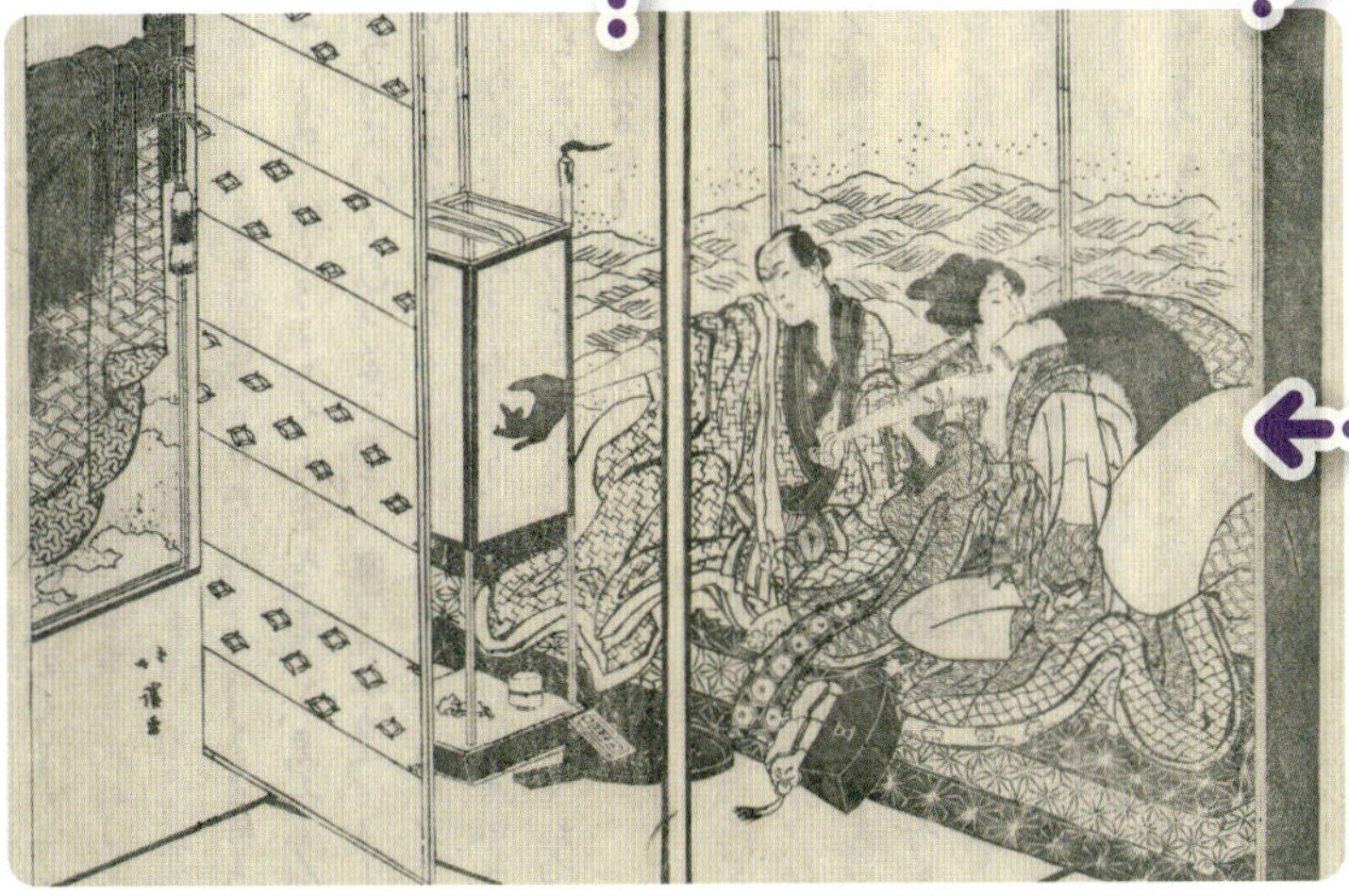

部屋持ちの花魁は自室で客と交わる。まだ自分の部屋がない新造は、屏風で仕切られた「廻し部屋」で客と寝た(『青楼絵抄年中行事』国立国会図書館蔵)。

初めての客は、引手茶屋の仲介であっても、直接の登楼であっても、2階の引付座敷に通され、簡単な酒宴を催す(『青楼絵抄年中行事』国立国会図書館蔵)。

女性の出入りが制限された吉原

吉原遊廓は男性の出入りは自由であったが、女性の場合、遊女の逃亡を防ぐために楼主の許可がなければ自由に外へ出ることはできなかった。

蔦屋重三郎をはじめとした江戸の本屋による宣伝の効果もあり、吉原は江戸の一大歓楽地として人気を集めた。単なる売春街の域を超え、一種のテーマパークであり、江戸文化の中心地でもあった。

江戸見物に来た人々は、老若男女問わず、みな吉原に行きたがった。藩主の参勤交代に従い、江戸にやってきた諸藩の勤番武士も、第一に吉原見物を期待した。1年を通じてイベントが催され、男性だけでなく、女性も行楽気分で吉原を訪れた。

そんな観光地としての性格を持つ吉原であったが、それはあくまでも吉原の外の人間たちの目線である。吉原は男性ならば、遊興・商用・見物に関係なく、出入りは自由だった。しかし、女性の場合には遊女の逃亡を防ぐため、切手（通行証）がなければ、大門から外へは出ることが許されなかったのである。

大門を入ると、右手に四郎兵衛会所（吉原会所とも呼ばれた）、左手に面番所がある。四郎兵衛会所に番人が常駐し、女性の出入りを厳しく監視した。また、面番所には同心2人と岡っ引が交代で詰めていた。天保の改革では、町奉行所は吉原に岡っ引60人分の給金や同心の特別手当、弁当代などを負担させたという。その総額は年間1200両（1億2000万円）にも及んだという。

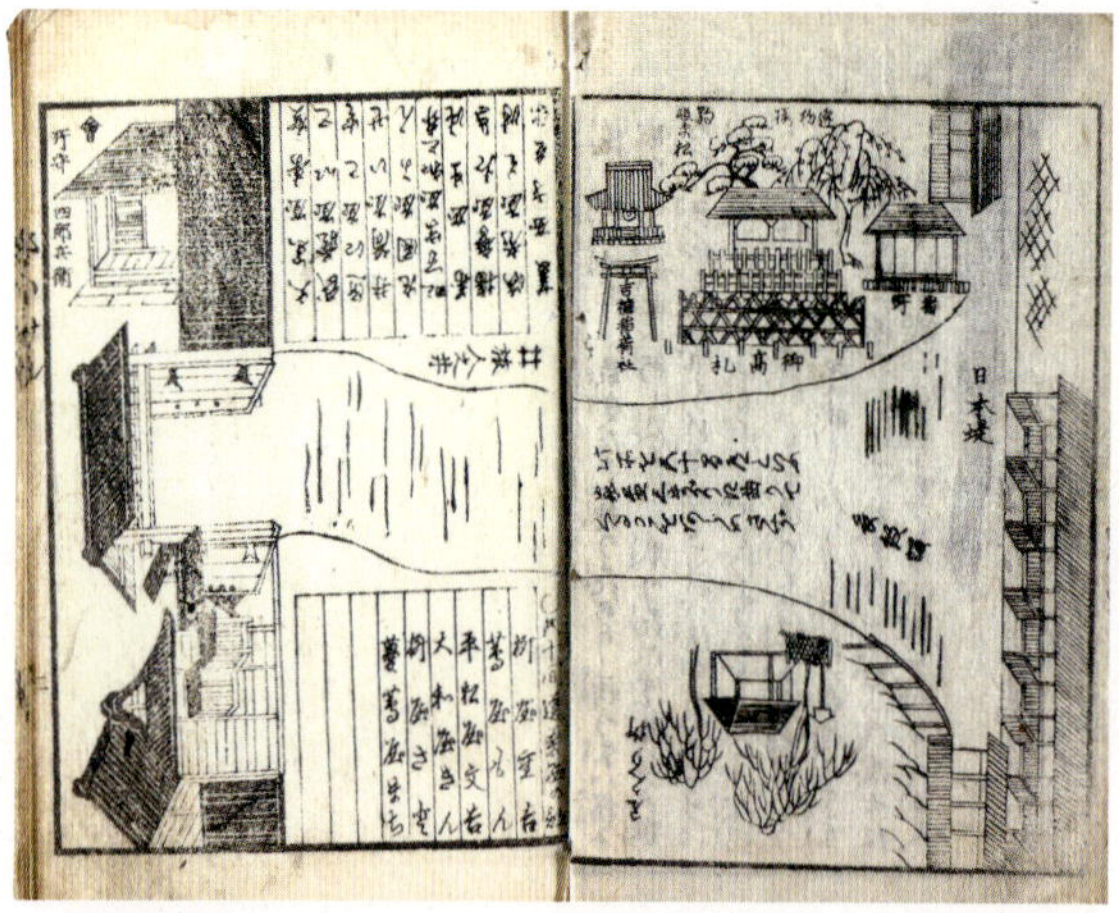

新吉原細見　文久3年版　台東区立図書館デジタルアーカイブ蔵
大門の左側に袖門と面番所、右側に四郎兵衛会所が描かれている。

第5章

吉原の1年

吉原の1年、四季折々の行事

非日常を演出し、最上の遊興を提供する吉原遊廓では、1年を通してさまざまな行事や催事が行われていた。仲之町の桜と花見、玉菊灯籠、八朔、俄など吉原独自の年中行事が生まれた。

志喜初の図　三浦屋内　高尾座舗の躰　喜多川月麿画　ヴィクトリア&アルバート博物館蔵

花魁の三布団を新調することを「敷初め」と言う。馴染み客は3枚の敷布団に大布団1枚、夏には蚊帳、冬には小夜着を添えて、遊女に贈ったという。布団は贈呈後、茶屋に飾られた後、節句に見世の正面に飾ってお披露目された。この敷初めの日には、本図にあるように布団をあつらえた客が惣花（祝儀）を出し、見世の者全員に蕎麦を振る舞い祝うという習わしがあった。

揚代が倍になる紋日は遊女には大きな負担に

俗世間から隔絶された、非日常の空間を演出する吉原では、年間を通じてさまざまな行事や楽しみごとが催された。元旦から大晦日まで、江戸市中と共通する年中行事も多かったが、格式と伝統のある吉原では、そこでしか見られない華麗なしつらいやしきたりを伴う、独自の行事を確立していった。

こうした四季折々の行事は、たとえ妓楼の集客に直接結びつかなくとも、江戸有数の観光地として吉原全体を景気づけることに一役買っていた。

また、吉原の年中行事は浮世絵や版本の題材となり、人々の想像を掻き立てた。たとえば、十返舎一九作・喜多川歌麿画『青楼年中行事』（92ページの図ほか参照）は、「まことに人間の別世界、この春秋のゆきかひを見ん人は、養老不死の気の薬となりて、あとへとしとる心地やせられましといふ」と記し、正月から年の瀬まで、吉原の行事の情景を紹介している。

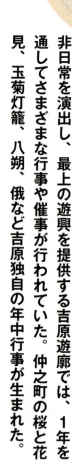

なかでも、3月3日の節句を皮切りに始まる仲之町の桜の花見、6月晦日よりひと月にわたって行われる玉菊灯《たまぎくとう》籠《ろう》、8月の八朔《はっさく》と30日間にわたって行われる俄《にわか》は、吉原ならではの年中行事として人気を集めた。

また、吉原には独自の祝祭日として、紋日（物日）というものがある。一般的に、紋日とは節句や祝祭日など、紋付の式服を着る特別な日を指

吉原の年中行事

月日	主な行事
1月1日	仕着日・仕舞日
1月2日	初買・仲之町年礼
1月7日	人日の節句、七草
1月8日	初見世
1月14日	蔵開き
1月20日	夷講
2月25日	仲之町に桜を植える
3月3日	上巳の節句（雛祭り）、桜の花開き 内証の花見
3月31日	仲之町の桜を撤去
4月1日	衣更
4月8日	灌仏会
4月下旬	仲之町に菖蒲を植える
5月5日	端午の節句・菖蒲の花開き・仕着日
6月1日	富士権現祭・植木市
6月9日	三ノ輪の山王祭
6月30日	玉菊灯籠（揃い灯籠）
7月7日	七夕
7月10日	浅草寺の四万六千日・ほおずき市
7月12日	仲之町の草市
7月13日	仕舞日（お盆休み・髪洗い日）
7月15日	お盆・仕舞日・玉菊灯籠
7月16日	お盆
8月1日	八朔・俄（晴天時、30日間開催）
8月14～16日	月見
9月9日	重陽の節句・仕舞日
9月12～14日	後の月見
10月亥日	玄猪・火鉢や綿入の準備
10月20日	夷講
11月8日	火焼（蜜柑まき）
11月17～19日	秋葉大権現祭礼
11月酉日	酉の市
12月8日	御事始
12月13日	煤掃き
12月17、18日	浅草寺の歳の市
12月20日前後	餅つき
12月22、23日	見世を引く
12月25日頃	廓中に門松を設置
大晦日	大晦日から正月三が日にかけて、 庭火を焚き、お清めをする

表は『図録 大吉原展』（東京藝術大学美術館）及び永井義男『図説吉原事典』（朝日新聞出版）を参考の上作成。

した。吉原では毎月1日、15日、17日、18日、28日を月例紋日としたのである。また、正月、盆、節句は特に重要な大紋日と定めていた。

紋日の揚代は、「昼夜をつける」と称され、通常の揚代の倍額となった。遊女は紋日には必ず客を取らなければならなかった。客がつかない場合には、その日の揚代は遊女が負担しなければならない。これを「身揚《みあが》り」と呼ぶ。遊女にとっても客にとっても相当な負担となったのである。紋日には馴染みの客になんとかして来てもらおうと、遊女は手練手管を駆使した。

妓楼にとって紋日の実入は大きい。そのため、吉原内や鷲《おおとり》大明神などの近隣の寺社の祭礼・縁日、花見や月見、季節ごとの衣更など季節の節目となる行事を積極的に取り入れることで、日数が増えていった。時代によって変遷もあるが、多いときで、月の3分の1が紋日になったという。

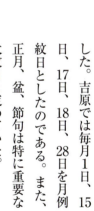

名所江戸百景・浅草田甫 酉の町詣

歌川広重画　東京国立博物館蔵　出典：ColBase（https://colbase.nich.go.jp/）

吉原遊廓にほぼ隣接する鷲大明神では、旧暦11月に酉の市が行われる。明治時代に入ると、酉の市が紋日の際には、大門だけでなく、鷲大明神近くの門を開け、裏からも吉原に入れるようにしたという。本作は鷲大明神の酉の市で買った簪を遊女の土産としたのであろう（本作の絵解きについては102ページのコラムを参照のこと）。

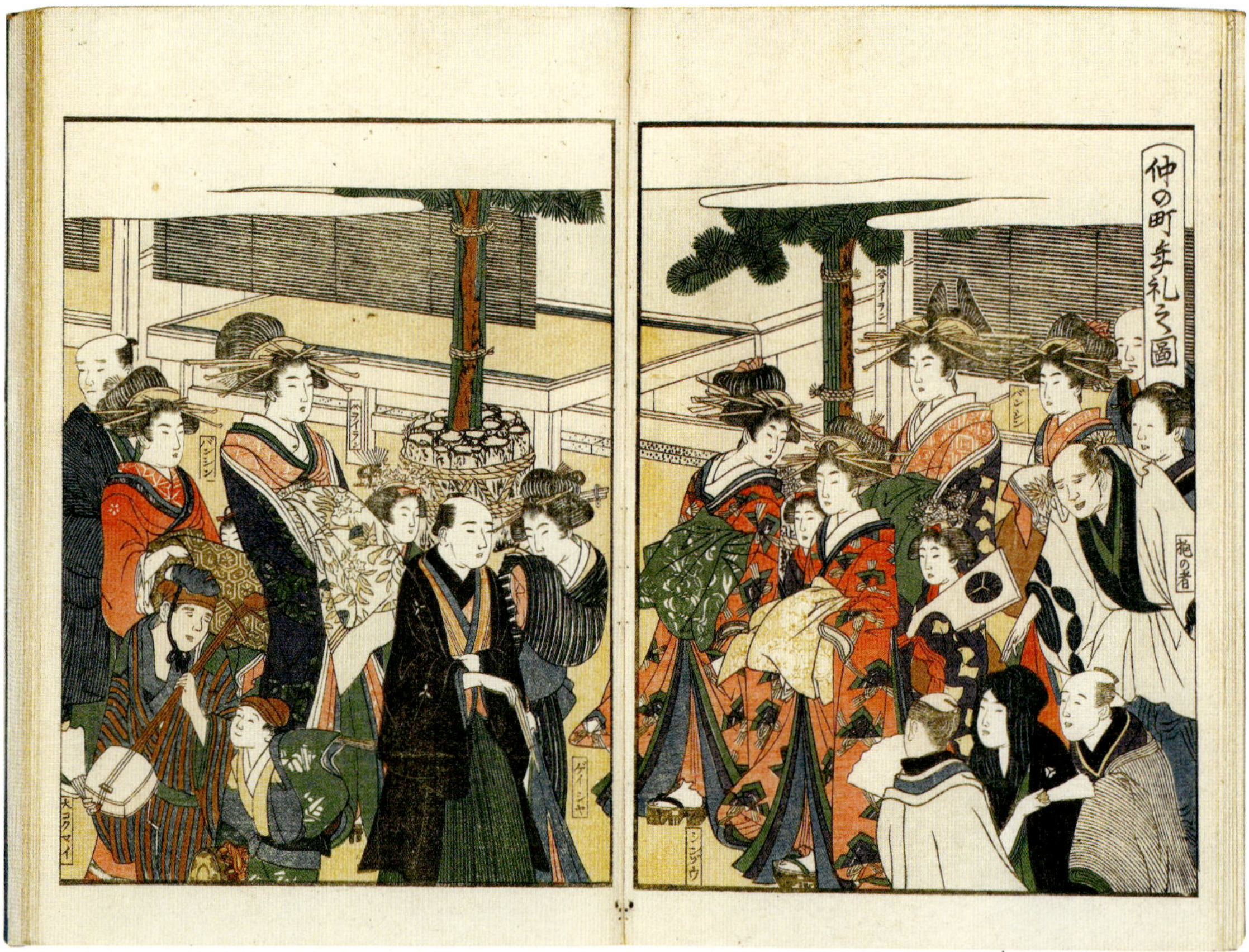

吉原では正月2日に妓楼の遊女らが大羽子板を手に仲之町の茶屋へ年礼へと向かう。本図では画面右中央の禿が年礼用の大羽子板を持っている。画面の左端には、大黒舞の芸人が描かれる（十返舎一九作・喜多川歌麿画『青楼絵抄年中行事』より「仲之町年礼之図」東京大学総合図書館蔵）。
出典：国書データベース、https://doi.org/10.20730/100239608

吉原の新年と年の瀬 妓楼の書き入れどき

1年の始まりである元旦は、吉原も大門を閉ざし、妓楼も休みだった。遊女たちは仕着せの初衣装に身を包み、楼主や朋輩の部屋をまわって新年の挨拶を交わす。

正月2日は「初買」もしくは「買初め」と呼び、吉例として妓楼ごとに蛤を購入した。昼過ぎには部屋持ち以上の花魁たちが新造や禿を連れて、仲之町の茶屋に新年の挨拶まわりに出かけた。

また、2日は吉原の1年で最初の紋日にあたる。年の瀬に約束していた馴染み客が登楼してくる。松の内に登楼した客は、紋日のため通常の2倍の揚代を払うとともに、祝儀として惣花、もしくは二階花を振る舞わなければならなかった。

また松の内のあいだは紋日が続いた。松の内が明けた8日は、初見世を張った。

逆に吉原の1年の終わり、年の瀬は、12月8日を御事始とし、正月を迎える準備を行う。13日は妓楼の煤《すす》掃きである。遊女たちは見世の雇人に定紋の手拭いを配り、自らも手拭いを頭に被って、着物の裾を端折り、大掃除を手伝った。

17、18日は浅草寺の歳の市である。正月用品の買い出しのついでに吉原に立ち寄る者で賑わう、1年の最後の書き入れどきとなった。

張見世は23日前後から休みとなるのが通例であった。年の暮れから正月にかけて、物入りがかさむ遊女は、先述したように、年明けは松の内の紋日が続くことから、年末年始は気が気ではない。馴染み客との約束を取り付けておかなければ、安心して年が越せないのである。

そのため、手練手管を駆使して、馴染み客への手紙を書き登楼をうながすことに大忙しであった。

名所江戸百景
浅草田甫酉の町詣
廣重画

仲之町の花見

花見のためだけに毎年植えられた仲之町の桜

吉原のメインストリートである仲之町では、3月3日の節句に合わせて、開花直前の根付きの桜の木を運び込み、植えた。吉原内でも花見を楽しめる趣向である。通りには、引手茶屋の2階からの眺めを考慮して、高さも揃えた数百本の桜が咲き乱れた。花が散る頃には、全ての木が撤去されたというから、豪勢な仕掛けである。

そもそもこの仲之町の桜の花見はいかにして始まったのだろうか。『洞房古鑑』『吉原大全』『新吉原略説』『青楼雑話』『守貞謾稿』といった文献に桜が植えられた最初期の様子が記されている。

諸説さまざまであるが、寛延から寛保の頃に、景観をよくするために各々の茶屋が店先に鉢植えや石台などを置いたことに端を発すると思われる。『洞房古鑑』には茶屋頭が五町名主に申し入れをしたとある。

その後、通りの中央に、桃や桜を植栽するようになり、根に石台や花壇を作り、竹垣や手すりを設けて、山吹や躑躅をあしらったという。

『江戸町方の制度』は、明治25（1892）年4月～翌26（1893）年7月まで、『朝野新聞』誌上に連載された「徳川制度」をまとめたもので、江戸時代の桜の行事に関する情報が記されている。

桜の植え込みは毎年、「高田の長兵衛」が請負い、費用は天保年間を通じて150両だったという。現代価格で1500万円である。妓楼が全体の4割、茶屋が2割、残りの4割を見番が賄ったという。

すぐに撤去してしまうものにそれだけの費用をかけた吉原は、まさに江戸のアミューズメントパークであった。

新吉原江戸町二丁目　佐野槌屋内黛突出シ之図　一恵斎芳幾画　国立国会図書館蔵

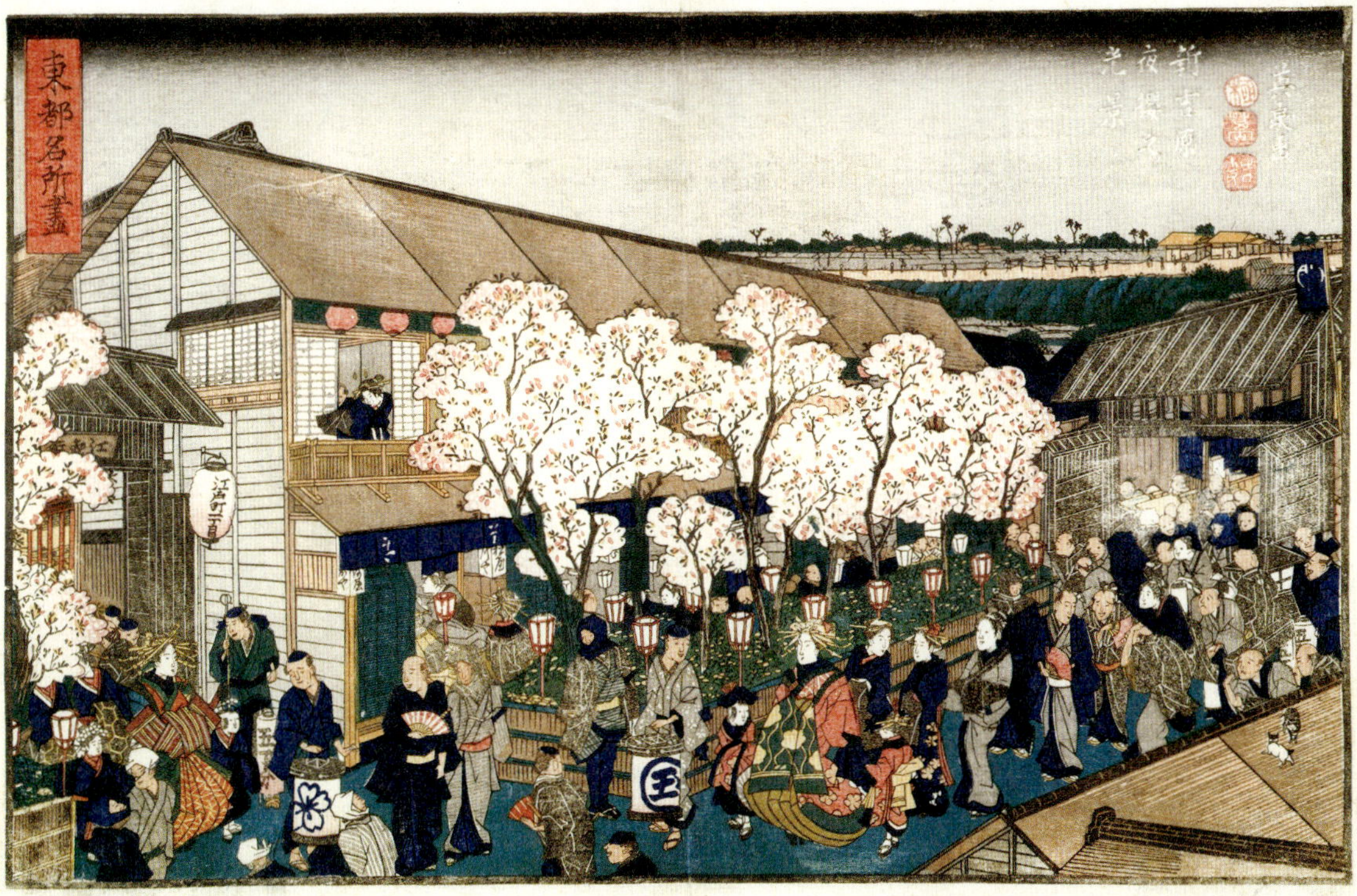

溪斎英泉画「新吉原 夜桜之光景」提供：アフロ

玉菊灯籠

引手茶屋に揃いの玉菊灯籠が飾られるのは、6月晦日から7月12日までで、2日間は灯籠を休み、15日から茶屋ごとに異なる内燈籠を飾る。これを「二の替わり」と呼ぶ。本図は7月の二の替わりに、鳥をかたどった提灯を店先に飾る引手茶屋の様子を描いたもの（十返舎一九作・喜多川歌麿画『青楼絵抄年中行事』より「燈篭之図」東京大学総合図書館蔵）。
出典：国書データベース、https://doi.org/10.20730/100239608

誰からも愛された遊女を悼む盆灯籠

玉菊灯籠は、才色兼備で評判だった角町の妓楼・中万字屋の太夫・玉菊の盆供養を実施したことから始まった行事である。

玉菊は享保年間（1716～36年）に全盛を極めた遊女である。諸芸に通じ、酒宴の取り持ちにも長けており、さっぱりとした性格ながら情に厚く愛嬌があり、大変評判の遊女だったという。朋輩や妹分の遊女らへの心配りも細やかであったことから、客だけでなく廓中の人々に愛されていた。しかし、大酒がたたり、享保11（1726）年3月29日、25歳の若さで死没。玉菊が懇意にしていた仲之町の引手茶屋の主人たちが、軒先に追善の句を記した灯籠を下げ、供養したという。その後、吉原の盆灯籠として評判を呼び、6月晦日からおよそ1カ月間にわたって毎年行われるようになった。

まず6月晦日から7月12日まで、仲之町の引手茶屋に揃いの玉菊灯籠が飾られる。13日と14日は休みで、15日からは二の替わりと言い、茶屋ごとに異なる内灯籠を7月晦日まで飾った。灯籠自体も、書家による追善句をしたためた短冊をつけたりするなど、さまざまな装飾が施された。また、竹細工や張り細工の置き行灯を座敷に飾ったりもした。納涼を兼ねて見物に訪れる客らを廓内へと呼び込む夏の風物詩となった。

玉菊の年忌および追善は、大正時代にいたるまで吉原で続けられた。玉菊の三回忌に際して作られた追善句集『袖さうし』をはじめ、河東節太夫・十寸見蘭洲と俳諧師・竹夫人による追善曲「傾城水調子」など、この間、玉菊を題材としたさまざまな作品が生み出された。

古今名婦伝　中万字の玉菊
歌川豊国画　国立国会図書館蔵

古今名婦傳
中万字の玉菊
梅素亭
玄魚記
下谷
魚榮版
豊國画
彫竹
横川竹二郎

八朔

江戸新吉原八朔白無垢の図
歌川国貞画　東京都立中央図書館蔵
8月1日、すなわち八朔の紋日には吉原の遊女は白袷に白打掛を重ね着し、仲之町の通りを歩いた。本作では白無垢ではなく、白地に淡い色彩で模様が表されている。裾袘にはたっぷりと綿が詰められ、とりわけ中央の花魁の裾袘は、天鵞絨の類の厚手な毛織物を用いているようだ。毛羽まで細かに描かれている。背景に手拭いを肩にかけて裾を捲って涼を取る男性らが描かれており、冬の衣装を重ね着する遊女との対比が面白い。

白無垢姿の遊女が道中する紋日・八朔

月の終わりを晦日と呼ぶが、月の初めである1日は、朔日《さくじつ》と言う。特に8月の朔日（1日）は、つづめて「八朔」と呼ぶ。古くは農民のあいだで、その年の新穀を祝い贈答した風習があり、これが公家や武家に転じて、主家や知人と贈り物を交わすようになったという。

また、徳川家康が江戸入りしたのが、天正18（1590）年8月1日だったという。そのため、江戸を作った権現様（家康のこと）を記念する大切な祝日として八朔は重んぜられた。吉原でも大切な紋日として、遊女たちは仲之町に道中に出る際、冬衣装である白無垢の小袖を着て、客を出迎えたのである。

『異本洞房語園』によれば、夕霧という太夫が、ある年の八朔がひどく寒い日で、白袷《あわせ》に白小袖を重ね着して道中したところ、見栄えがよく評判だった。ほかの遊女も綿入りの小袖を着るようになったという。他方、『吉原大全』は異なる八朔の起源を伝えている。江戸町一丁目の巴屋抱えの高橋という遊女がいた。八朔に病を押して、白無垢の床着のまま客を迎えたという。華美で派手な遊女の衣装のなか、白無垢の格好は目立ち、清楚で美しく評判となった。それ以来、八朔には白無垢の着物で客を迎える慣習が生まれたのだという。

八朔の白無垢姿は、「廓は時ならぬ雪景色」と目に涼やかなものとして評されたが、残暑の厳しい最中に、冬物の小袖を着るため、遊女からは不評であったという。上等な白無垢を新調するため費用もかさみ、「八月の二日質屋へ雪がふり」という川柳にもあるように、八朔の衣装は翌日には質屋に大量に流れた。

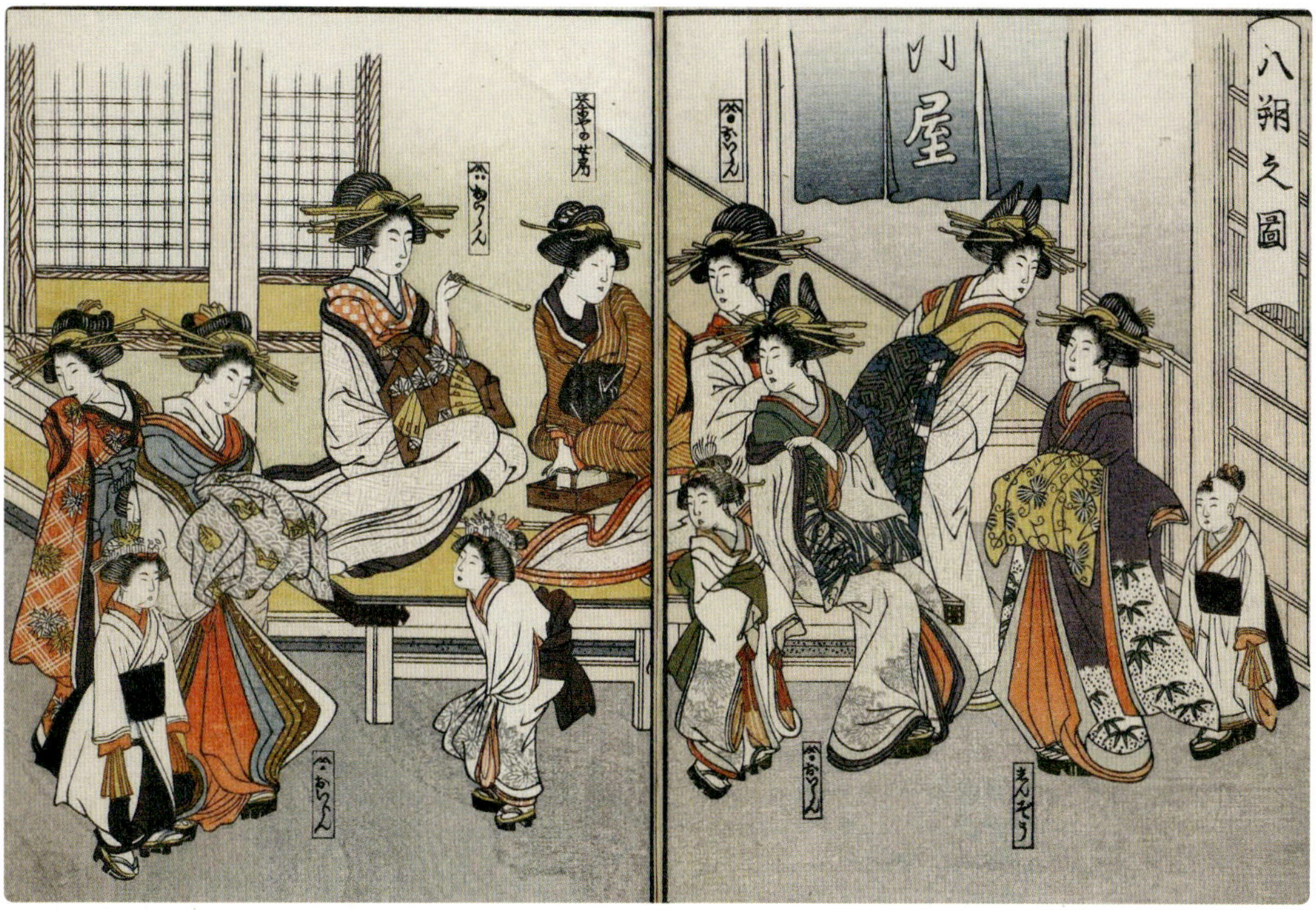

8月1日に白無垢の打掛姿で、仲之町張りをする遊女たちの様子
（十返舎一九作・喜多川歌麿画『青楼絵抄年中行事』より「八朔之図」東京大学総合図書館蔵）。
出典：国書データベース、https://doi.org/10.20730/100239608

8月に開催される俄で、手古舞姿で獅子木遣りを披露する芸者たち
（十返舎一九作・喜多川歌麿画『青楼絵抄年中行事』より「仁和哥之図」東京大学総合図書館蔵）。
出典：国書データベース、https://doi.org/10.20730/100239608

江戸庶民も楽しんだ吉原のライブ・パレード

八朔の紋日を終えた吉原では、その後、30日にわたって、一大イベントが開催された。それが、俄である。吉原内の九郎助稲荷の祭礼に合わせ、芸者衆が盛大な余興を行った。俄は30日間のうち、晴天日のみに行われ、前後15日で出し物や趣向を変え、芸者や幇間らが、さまざまな歌舞音曲を披露する。仲之町を中心に各通りを練り歩く、パレード兼ライブパフォーマンスであった。

『嬉遊笑覧』や『青楼年暦考』によれば、享保19（1734）年の九郎助稲荷の祭礼、もしくは明和元（1764）年の真崎稲荷に北野天神を勧請した際の祭礼で、奉納された吉原芸者衆の余興がもととなったとされる。

以後、火災による中断もあったが、年々盛んになっていった。俄は、引手茶屋や妓楼の前で、即興的な舞踊・茶番狂言を披露して練り歩くというもので、茶屋や妓楼の客も2階の座敷から眺めることができた。俄の道中は、行列や山車の「練り物」、車のついた引きずり屋台である「踊り台」、笛や太鼓を演奏する囃子方と一緒に歩きながら踊る「地走り」によって構成される。近世芸能研究者の竹内道敬氏によれば、俄の余興は、山王祭や神田祭などの天下祭りの附祭りに共通するとされる。

吉原の俄は基本的にプロの芸者が演じていた。俄の1カ月間、吉原に行けば、普段は座敷でしか見ることのできない、吉原芸者の芸を無料かつ間近で観賞できたのである。江戸庶民が一級の歌舞音曲を楽しめる機会はごく限られていたため、評判を呼び、男女問わず、多くの人々が俄見物に詰めかけたという。

青楼仁和嘉女藝者之部・淺妻船、扇賣、哥枕
喜多川歌麿画　東京国立博物館蔵
仁和嘉＝俄は例年８月に吉原で行われる即興寸劇の出し物のこと。
本図は吉原俄に出演した女芸者の胸像を３人ずつ配した４枚揃のうちの１枚である。

青楼仁和嘉女芸者之部
浅妻船

吉原遊廓と鷲神社

**吉原近くにある商売繁盛の酉の市で有名な鷲神社（鷲大明神）。
そこで売られる熊手形の簪は千客万来の縁起物として
吉原の遊女や料理屋の女性らに人気だった。
歌川広重の浮世絵にも重要なアイテムとして描かれるが、
果たしてその意味は!?**

本書93ページで大きく取り上げた、歌川広重『名所江戸百景』シリーズのうち「浅草田甫 酉の町詣」は、可愛らしい猫が描かれている。猫がいる部屋は、妓楼の一室である。猫が眺める格子の外は、富士山を遠景に、眼下の田んぼの一本道に大勢の人が列をなしている。絵の左隅の柱のように見えるものは屏風の一端である。その向こう側には、小さな熊手形の簪と、懐紙が置かれているのがわかる。

吉原のすぐそばに、商売繁盛で有名な鷲大明神があった。11月には酉の市が催され、縁起物である熊手を求めて、多くの参詣者が詰めかけた。熊手形の簪は鷲大明神で買った遊女への土産だろう。西の空が茜色に染まっているところを見ると、ちょうど夜の営業が始まった頃合いと思われる。近世日本史研究者の髙木まどか氏によれば、この景色が見えるのは、西河岸の妓楼である。小見世の２階ということになる。

鷲大明神の酉の市が盛んになるにつれて、自然と吉原に寄る客も増えていった。明治以降、酉の市の日に限って、西河岸の非常門を開き、参詣帰りの客を呼び込んだ。

熊手の意匠を見ると、お多福に松茸の飾りが施されている。その奥の懐紙といい、窓下の腰壁に配された福良雀の番いの図像といい、屏風の向こうの睦言（むつごと。男女の語らい）を暗示している。

お多福の顔に松茸という
意味深な意匠の簪と懐紙。

名所江戸百景・浅草田甫　酉の町詣
歌川広重画　東京国立博物館蔵
出典：ColBase（https://colbase.nich.go.jp/）

第6章 吉原の歴史

元吉原から新吉原へ

江戸の人口が急速に増す過程で作られた遊廓・吉原。当初は江戸市中の人形町辺りで開業し、のちに現在の浅草・浅草寺の裏手、千束村付近へと移転した。

幕府公認の遊郭 吉原遊廓の歴史

　第1章でも触れたように、吉原遊廓は、そもそも江戸市中に自然発生的に点在した廓を1カ所に集める名目で、公許の遊郭としてスタートした。のちに吉原の惣名主となった庄司陣内（甚右衛門）は分散した遊女屋を集合させ、大都市・江戸の治安維持などに貢献できるとして、幕府に許可を求めたのである。

　元和3（1617）年、次の5つの条件のもとで、傾城町の設置が許可された。「一、遊女は傾城町以外で商売をしてはならない」「一、一日一夜以上、客を留めてはならない」「一、遊女の衣類に贅沢をしてはならない」「一、建築は華美にせず、町役は江戸の格式とおりにすること」「一、不審者が立ち入った場合には奉行所に届けること」

　こうして、元和4（1618）年、現在の日本橋人形町二丁目付近の二丁四方の土地で、いわゆる元吉原が開業した。ただし、吉原の歴史を通じて、江戸市中にあった元吉原の営業自体は約40年程度に過ぎない。江戸が整備されるにあたり、江戸の中心地に傾城町があるのは風紀上、具合が悪いと判断され、移転を命じられた。

　幕府の御沙汰状によれば、移転先の浅草日本堤付近では土地は5割増が保証され、夜の営業も許可するとしている。さらには移転料として1万500両（10億5000万円）を支払うという好条件である。

　こうして、明暦の大火を挟み、明暦3（1657）年8月には新吉原が開業した。揚屋制度の下、太夫がいた前期、より格式が確立するとともに大衆化が進み、催しもより賑やかで華美なものとなった後期を経て、吉原も江戸時代の終焉とともに近代化の道を歩むこととなる。

東都名所　新吉原五丁町弥生花盛全図　歌川広重画　東京都立中央図書館蔵
元和4(1618)年、日本橋人形町あたりに作られた吉原遊廓は、明暦3(1657)年に移転。移転以前を「元吉原」、移転以降を「新吉原」と呼ぶ。本図は天保の頃の新吉原の様子。

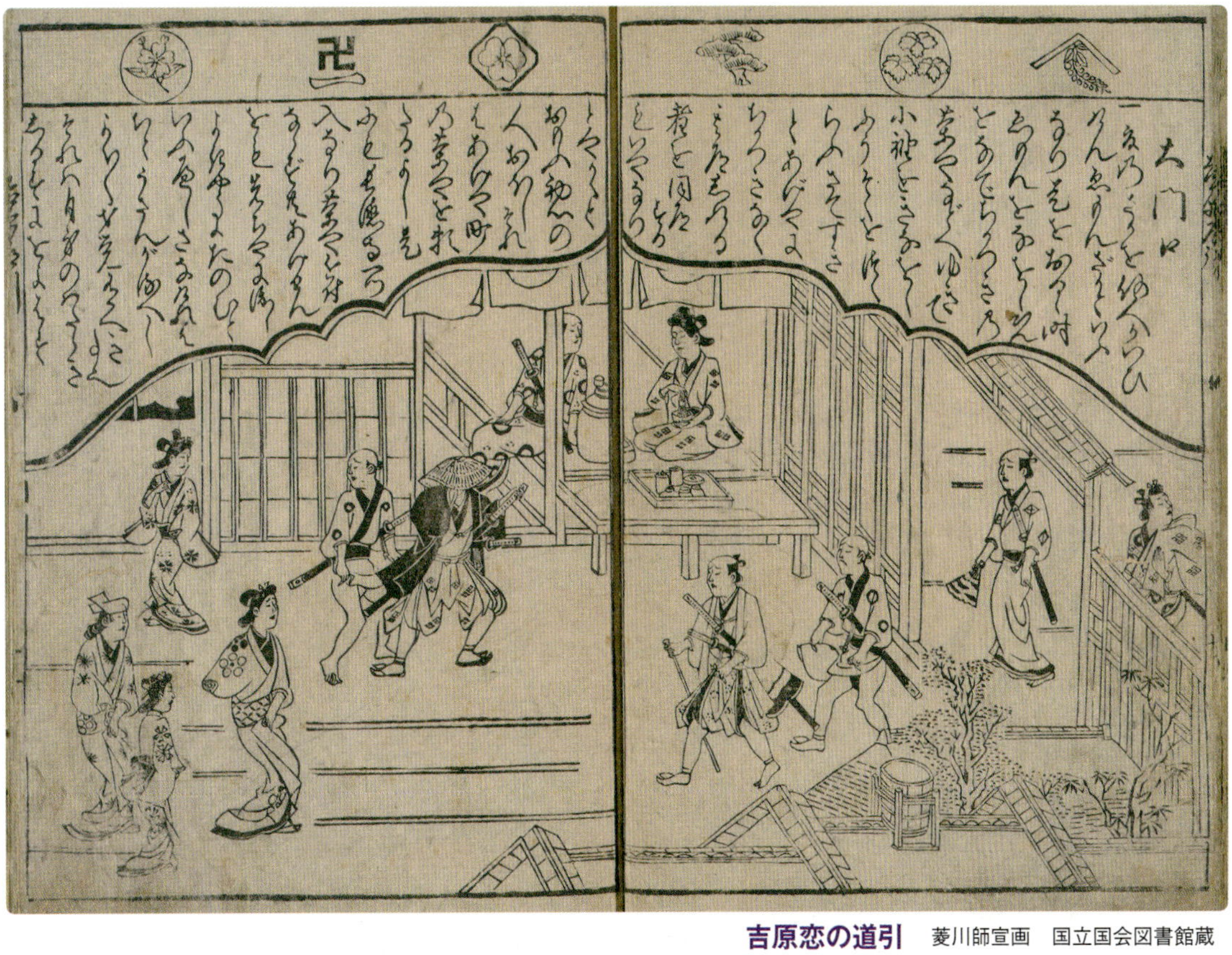

吉原恋の道引　菱川師宣画　国立国会図書館蔵

吉原の近代化

黒船来航を契機に開国、そして近代化へと向かった幕末。大政奉還とともに江戸が終わり、明治の世となっても吉原遊廓の実態は変わらなかった。

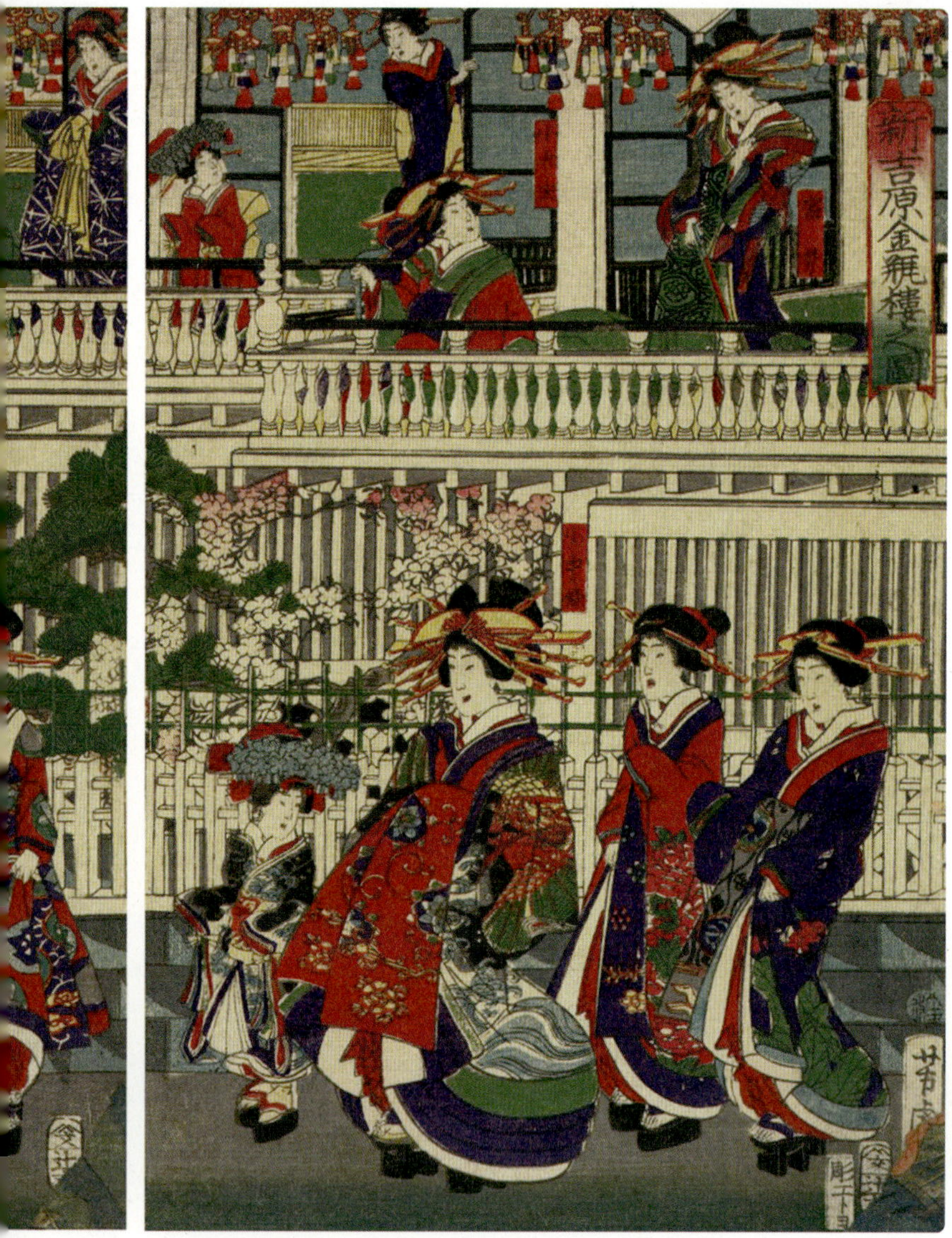

芸娼妓解放令と吉原の西洋・近代化

黒船来航と開国という幕末の激動と明治維新を経て、260年にも及ぶ徳川幕藩体制は終焉を迎えた。近代化へと突き進む最中、幕府によって認可された吉原は引き続き変わらず、営業を続けた。明治2（1869）年には、吉原以外で根津遊郭が明治政府の公認となった。

吉原が大きく揺れたのは、明治5（1872）年のマリア・ルス号事件がきっかけである。ペルー船籍のマリア・ルス号が悪天候により難破、横浜港に入港した際、同船で働く中国人の苦力《クーリー》らが、過酷な労働に耐えかね、イギリス軍艦に助けを求めた。イギリス側はマリア・ルス号を「奴隷船」と判断し、イギリス領事館を通じて明治政府に中国人の救助を要請した。これを不服としたペルー側は、日本にも遊女の人身売買が横行していると抗議したのである。これを受けて、明治政府は、同年10月に人身売買にあたる「娼妓芸妓等年季奉公人一切」を解放し、苦情を訴えれば借金全額を帳消しにするという、いわゆる芸娼妓解放令を出した。しかし、解放は一方的なもので、その後の遊女らの生活の保障はなかった。妓楼は貸座敷と改め、鑑札を受ければ営業は可能となり、また遊女らを支え廃業を促す制度がなく、再び貸座敷で働かざるを得ない状態に留まった。芸娼妓解放令によって、一時的には遊女の9割が離れたことで、吉原は衰微していったという。

とはいえ、妓楼は貸座敷に、遊女は娼妓と名を変え、公認を受けたことで、吉原は洋風化・近代化の道を歩んでいった。その後、明治・大正を通じて、廃娼運動が高まりを見せていく。

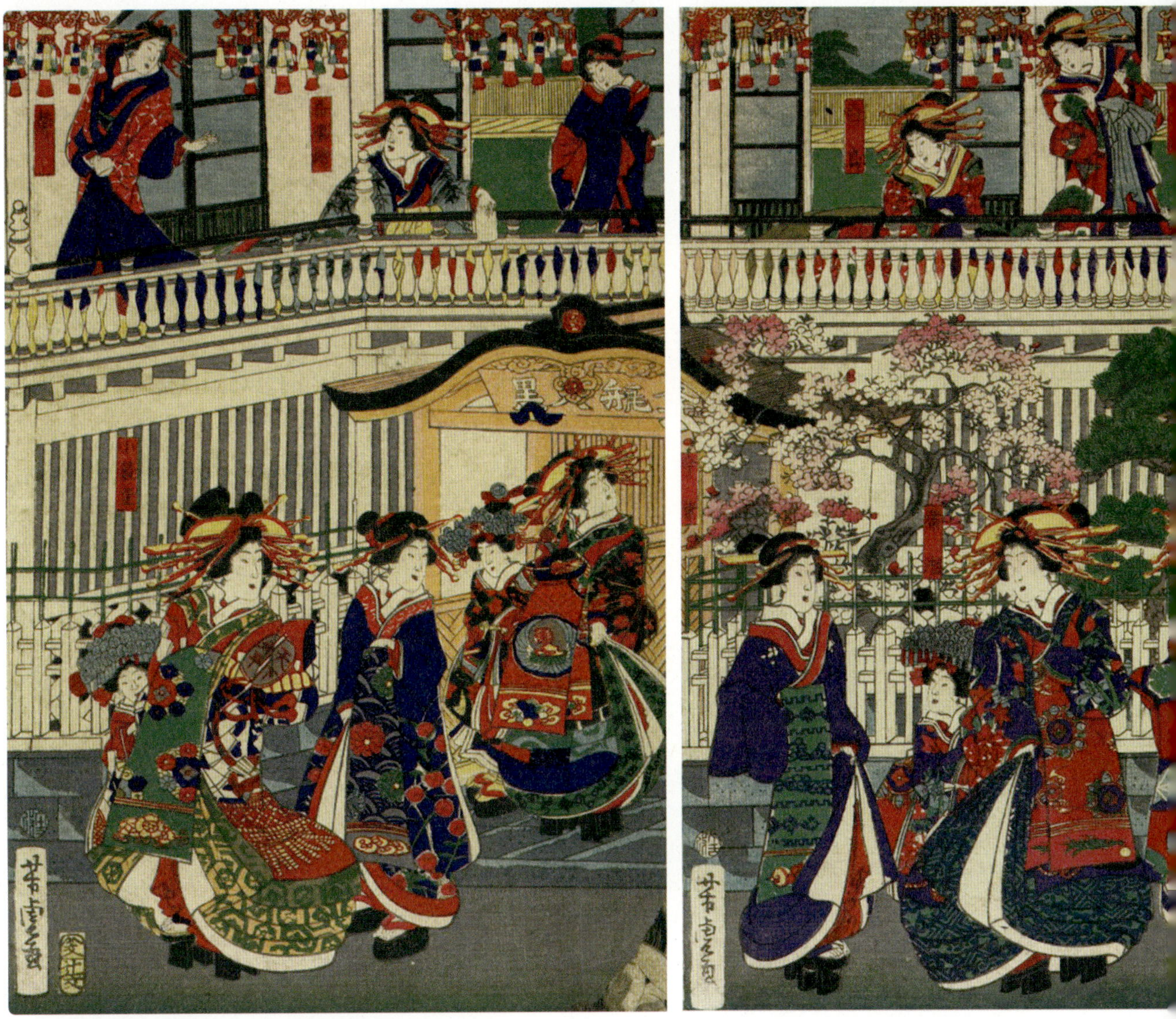

歌川芳虎画「新吉原金瓶楼之図」台東区立図書館デジタルアーカイブ

東京名所　新吉原夜桜ノ図　豊原周春画　台東区立図書館デジタルアーカイブ
明治20年前後の吉原遊廓・仲之町の桜を描いたもの。画面左奥には桜並木の向こうに洋館風の建物が見え、灯りはガス灯となっているなど、西洋化・近代化が進んでいる。山高帽を被った紳士や、散切り頭の男性など吉原に遊ぶ男たちの格好も近代化したが、遊女たちは変わらず豪華な着物で飾っている。

大正時代の遊女の日記から知る吉原遊廓

大正15（1926）年4月、吉原遊廓から脱出した遊女・春駒こと森光子は、のちに吉原での壮絶な生活を記録した手記を発表し、世間の耳目を集めた。そこで描かれた吉原の実態とは!?

遊女自らが書き記した大正時代の吉原

明治時代の芸娼妓解放令以来、しばしば吉原をはじめとした貸座敷（妓楼）に対して、娼妓（遊女）の解放を求める廃娼運動が行われるようになった。その最中、大正2（1913）年、内藤新宿遊郭で働く和田芳子という娼妓による『遊女物語』が刊行され、話題を呼んだ。遊女自らが声を上げるという画期的な内容で、社会的な影響が大きく、大正時代には娼婦名義の出版ブームを引き起こした。

この出版の機運のなかで、さらなる反響を得たのが、日記形式で綴られた森光子『光明に芽ぐむ日』である。光子は吉原の妓楼・長金花楼で、「春駒」の名で働く遊女である。高崎の貧しい銅工職の長女として生まれたが、父の死後、一家は困窮し、借金のカタに吉原へ奉公に出されることとなった。光子19歳の頃である。2年ほど吉原で過酷な生活を送り、雑誌で知った柳原白蓮を頼って、吉原から逃亡、自由廃業となった。『光明に芽ぐむ日』は壮絶な吉原での暮らしを描写し、妓楼主や遣手の仕打ち、貧しい遊女の暮らしぶりと金銭事情を克明に記録している。

たとえば遊女の食事は実に質素で、昼夜の忙しい仕事の合間に食べなければならな

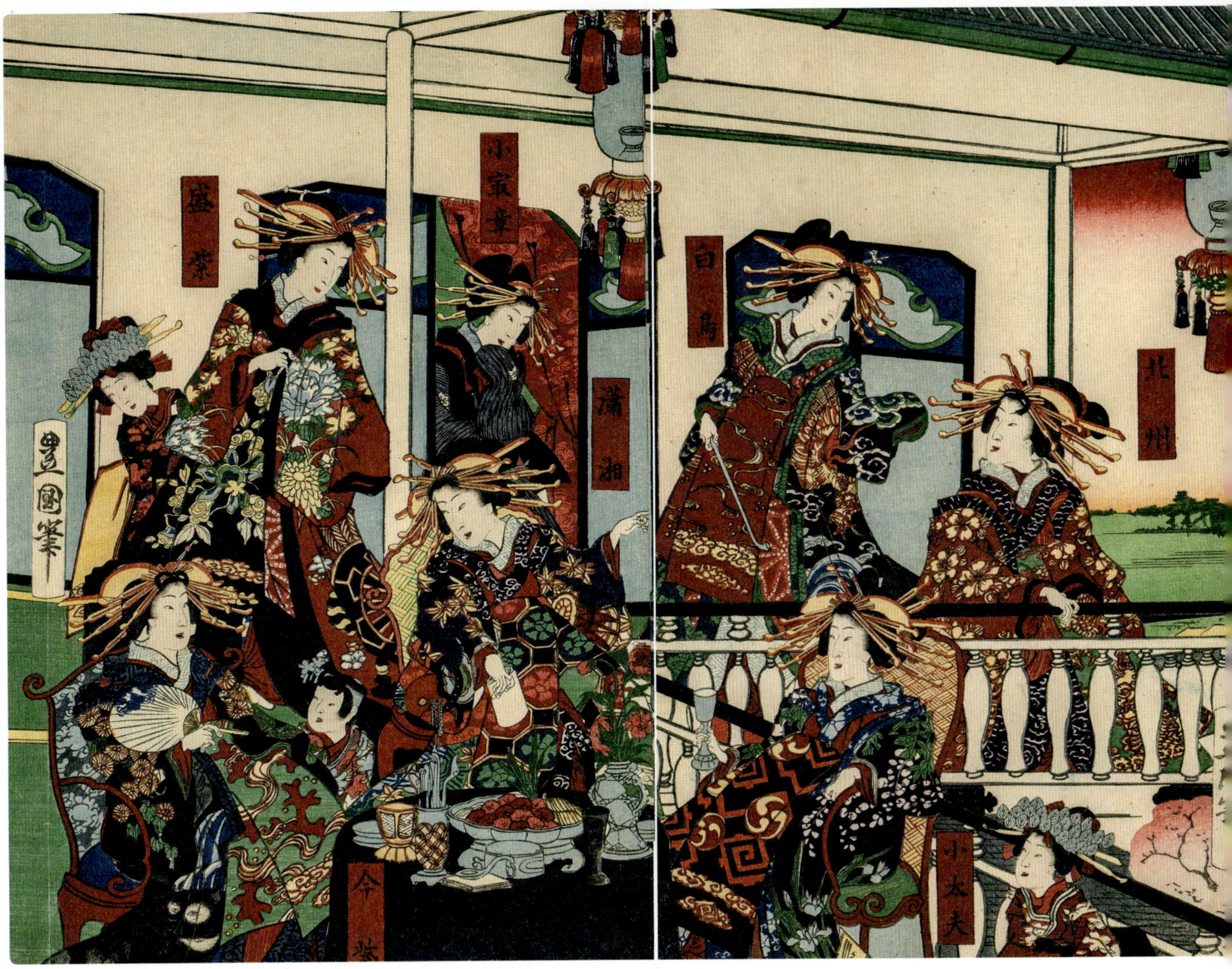

江戸町壱丁目金瓶大黒楼上より八丁堤一覧の図　歌川豊国画　台東区立図書館デジタルアーカイブ
八丁堤とは、吉原への通い道である日本堤の別名。明治に入ると、大黒屋金兵衛は「金瓶」を名乗り、洋風の妓楼として有名となった。左隅の遊女・今紫は、芸娼妓解放令の結果、吉原を出たのちに舞台女優として活躍した。

縁は異なもの
何が二人を結んだか（十）
世間を呪ふ男！
男を呪ふ女！
『春駒日記』の光子さんと
西野鐵太郎君
將來の
若手外交官
職工生活を
選んで
外務省の
翻譯課に

森光子本人の肖像写真が添えられた『読売新聞』
1929年8月23日の記事

かった。ある日の食事の記録では、朝食は泊まり客が帰ったのち、ご飯と味噌汁と漬物だけ。昼食は夕方4時頃に、ご飯と煮しめ、たまに魚や海苔がつくこともある。夕食は夜11時頃で、昼間の残りの冷や飯を漬物で食べるだけだった。江戸時代は原則1日2食だったから、もっと質素だったと思われる。ことあるごとに出費はかさみ、毎日の髪結代にも辟易している。光子の計算によれば、3回分で90銭、髪油などの代金も加味すると月8円（3万2000円）の出費である。支払えず、朋輩に借金をする様子が記録されている。そのほかひと月の費用の記録を見ると、洗濯代3円（1万2000円）、医者掛代5円（2万円）など細々とした生活費も自分で負担しなければならなかったという。そのため、一晩に10人の客を相手にし、また病気にも罹るなど過酷な日々を強いられていた。

参考文献（順不同）
永井義男『図説吉原事典』朝日新聞出版
永井義男監修『蔦屋重三郎の生涯と吉原遊廓』宝島社
磯田道史監修『新版　江戸の家計簿』宝島社
森光子『吉原花魁日記　光明に芽ぐむ日』朝日新聞出版
田中優子ほか『大吉原展　展覧会公式図録』東京新聞／テレビ朝日
日比谷孟俊『江戸吉原の経営学』笠間書院
山家悠平『生き延びるための女性史　遊廓に響く〈声〉をたどって』青土社
藤田誠著・髙木まどか監修『浮世絵が語る江戸の女たちの暮らし』グラフィック社
棚橋正博・村田裕司編著『絵でよむ　江戸のくらし風俗大事典』柏書房
ポーラ文化研究所編著『おしゃれ文化史　飛鳥時代から江戸時代まで』秀明大学出版会
小野武雄編著『新装版　江戸物価事典』展望社
長谷川貴彦編『エゴ・ドキュメントの歴史学』岩波書店
谷田有史・村田孝子監修『江戸時代の流行と美意識　装いの文化史』三樹書房
水野稔校注『日本古典文學大系 59 黄表紙 洒落本集』岩波書店
水溜真由美『日本の近代思想を読みなおす4　女性／ジェンダー』東京大学出版会
横山百合子『江戸東京の明治維新』岩波書店
髙木まどか『吉原遊廓　遊女と客の人間模様』新潮社
加藤晴美『増補版　遊廓と地域社会　貸座敷・娼妓・遊客の視点から』清文堂
西山松之助ほか編著『縮刷版　江戸学事典』弘文堂
山城由紀子「「吉原細見」の研究　元禄から寛政期まで」『駒沢史学 (24)』駒沢史学会

Staff
カバーデザイン：landfish
本文デザイン＋DTP：kworks
イラスト：いずみ朔庵（P.16、P.30、P.74、P.81、P.82、P.83）、まるやまひとみ（P.49）
編集：宮下雅子（宝島社）
制作協力：吉祥寺事務所

監修者プロフィール
永井義男（ながい・よしお）
1949年福岡県生まれ。東京外国語大学卒業。『算学奇人伝』で第6回開高健賞を受賞し、本格的な作家活動に入る。主な著書に「秘剣の名医」シリーズ（コスミック出版）、『江戸の性語辞典』『吉原の舞台裏のウラ』（ともに朝日新聞出版）、『江戸春画考』（文藝春秋）など、主な監修書に『蔦屋重三郎の生涯と吉原遊廓』（宝島社）などがある。

花魁の家計簿

2025年3月28日　第1刷発行

監修　永井義男
発行人　関川 誠
発行所　株式会社 宝島社
〒102-8388　東京都千代田区一番町25番地
電話［営業］03-3234-4621［編集］03-3239-0646
https://tkj.jp

印刷・製本　サンケイ総合印刷株式会社

Printed in Japan
ISBN978-4-299-06546-9